Bucătăria Verde
Delicii Vegane pentru Fiecare Zi

Elena Ionescu

Copyright 2024

Toate drepturile rezervate

Toate drepturile rezervate. Nicio parte a acestei cărți nu poate fi reprodusă sau transmisă sub nicio formă, electronică sau mecanică, inclusiv fotocopiere, înregistrare sau într-un sistem de stocare și recuperare a datelor, cu excepția citatelor scurte, fără permisiunea scrisă a editorului. versiune

Avertizare

Informațiile din această carte ar trebui să fie cât mai exacte posibil. Nici autorul, nici editorul nu vor fi răspunzători sau răspunzători față de nimeni pentru orice pierdere sau daune cauzate sau suferite direct sau indirect de informațiile furnizate în această carte.

Rezumat

Introducere... 12

Indian tradițional Rajma Dal 21

Salata de fasole rosie 23

Tocană de fasole și legume Anasazi 25

Shakshuka este ușoară și sățioasă 27

Chili de modă veche 29

Salată de spanac roșu deschis 32

Salată mediteraneană de năut 34

Tocană tradițională de fasole toscană (Ribollita) 37

Porumb beluga și amestec de legume 39

Dulceuri mexicane de taco cu naut 41

Din cântecul indian 43

Dulceată de fasole în stil mexican 45

Minestron clasic italian 47

Salată de varză și spanac 49

Legume de grădină cu năut 51

Salsa de fasole fierbinte 53

Salată chinezească de soia 55

Porumb și legume de modă veche 58

Indian Chana Masala 60

Pate de fasole rosie 62

Porumb brun 64

Supă de fasole Anasazi fierbinte și picant 66

Salată de năut cu ochi negri (Ñebbe) 68

Faimosul ardei iute al mamei mele 70

Salată de năut cu cremă de nuci de pin 72

Pastă de fasole neagră 74

Tocană de năut din Orientul Mijlociu 76

Distracție și sos de roșii 78

Salată cremoasă de năut 80

Hummus din Orientul Mijlociu Za'atar 83

Salata de porumb cu nuci de pin 85

Salată de fasole Anasazi cu armata 87

Tocană tradițională Mnazaleh 89

Spanac roșu tartinat 91

Naut picant prajit la wok 93

Chili rapid în fiecare zi 95

Salată de năut cu ochi negri 97

Avocado umplut cu năut 99

supa de fasole neagra 101

Salată de porumb Beluga cu ierburi 105

Salată de fasole italiană 108

Roșii umplute cu fasole albă 110

Supă de iarnă cu mazăre cu ochi negri 112

pastă de fasole roșie 114

burgeri de năut de casă 116

Tocană de spanac cu fasole neagră 118

Bile energetice de muștar 120

Cioda de cartofi dulci umflați 122

Varză picant și condimentat 124

Chips de varză la cuptor 126

Brânza Kashob 128

Apa picanta cu hummus 130

Mutabal tradițional libanez 133

Naut prajit in stil indian 135

Avocado cu sos tahini 137

Cartofi dulci 139

Salsa de rosii si ardei prajit 141

Un mix clasic de petrecere 143

Crostini cu ulei de măsline 145

Galuste vegetariene clasice 146

Păstârnac prăjit cu balsamic 148

Baba Ganoush tradițional 151

Curmal cu unt de arahide 153

Trandafir negru copt 154

Rulouri ușoare de dovlecel 156

Cartofi prăjiți dulci Chipotle 158

Sos de fasole Cannellini 160

Varză prăjită lungă 162

Toum libanez ușor 165

Avocado cu sos de ghimbir picant 167

Gata de mâncat cu năut 169

Muhammara Dip 171

Crostini cu spanac, năut și usturoi 173

Chiftele cu ciuperci și fasole Cannellini 176

Rulouri de castraveți cu hummus 178

Mușcături de jalapeño umplute 179

Ceapa in stil mexican 181

Legume rădăcinoase fierte 183

Hummus în stil indian 185

Salsa de castraveți și fasole prăjită 187

Sushi cu afine rapid și ușor 189

Hummus și roșii 191

Butonați ciuperci la cuptor 193

Chips de varză 196

Barci cu hummus de avocado 198

Ciuperci Nacho umplute 200

Salata este acoperită cu hummus și avocado 202

Varza de Bruxelles coaptă 204

Cartofi dulci Poblano 206

Chipsuri de cartofi la cuptor 208

O baie libaneză autentică 210

Pui vegetarian 212

Barci cu ardei cu salsa de mango 214

Buchetele de broccoli dulci cu bibli 216

Chipsuri de ridichi la cuptor 218

Unt vegetarian clasic 219

Fețele Mării Mediterane 220

Introducere

Abia recent, mulți oameni au început să adopte un stil de viață bazat pe plante. Ceea ce atrage zeci de milioane de oameni la acest stil de viață este discutabil. Cu toate acestea, există dovezi că respectarea unei diete în principal bazate pe plante duce la o greutate mai bună și o sănătate generală fără multe boli cronice. Care sunt beneficiile pentru sănătate ale unei diete pe bază de plante? După cum se dovedește, o dietă pe bază de plante este una dintre cele mai sănătoase diete din lume. Dietele vegetariene sănătoase includ o mulțime de produse proaspete, cereale integrale, leguminoase și grăsimi sănătoase, cum ar fi semințele și nucile. Sunt bogate în antioxidanți, minerale, vitamine și fibre alimentare. Cercetările științifice actuale arată că consumul ridicat de alimente pe bază de plante este asociat cu un risc mai scăzut de deces din cauza unor boli precum boli cardiovasculare, diabet de tip 2, hipertensiune arterială și obezitate. Planurile de masă vegetariene se bazează pe alimente de bază sănătoase, evitând produsele de origine animală care sunt adesea încărcate cu antibiotice, aditivi și hormoni. De asemenea, consumul prea mare de aminoacizi esențiali cu proteine animale poate fi dăunător sănătății umane. Deoarece produsele de origine animală conțin de 8 ori mai multe grăsimi decât alimentele pe bază de plante, nu este surprinzător faptul că studiile arată că consumatorii de carne au o rată de obezitate de nouă ori mai mare decât vegetarienii. Acest lucru ne duce la următorul punct, unul dintre cele mai mari beneficii ale unei diete vegetariene: pierderea în greutate. Deși mulți oameni aleg să trăiască un stil de viață vegetarian din motive etice, dieta în sine vă poate ajuta să vă atingeți obiectivele de scădere în greutate. Dacă te strădiuești să slăbești, poate vrei să încerci o dietă pe bază de plante. Exact? Ca vegetarian, vei reduce consumul de alimente bogate în calorii, cum ar fi alimentele care conțin colesterol, cum ar fi produsele lactate bogate în grăsimi, peștele gras, carnea de porc și ouăle. Încercați să înlocuiți aceste alimente cu alternative bogate în fibre și proteine, care vă vor menține săturați mai mult timp. Cheia este să vă concentrați pe alimente hrănitoare, curate și naturale și să evitați caloriile goale, cum ar fi zahărul, grăsimile saturate și alimentele foarte procesate. Iată câteva trucuri care m-au ajutat să-mi mențin greutatea pe o dietă vegană de-a lungul anilor. Eu mananc legume ca fel principal; Mananca grasimi bune cu moderatie - O grasime buna precum uleiul de masline nu te va ingrasa; Fac sport în mod regulat și gătesc acasă. A fi fericit! Dacă te strădiuești să slăbești, poate vrei să încerci o dietă pe bază de plante. Exact? Ca vegetarian, vei reduce consumul de alimente bogate în calorii, cum ar fi alimentele care conțin colesterol, cum ar fi produsele lactate bogate în grăsimi, peștele gras, carnea de porc și ouăle. Încercați să înlocuiți aceste alimente cu alternative bogate în fibre și proteine, care vă vor menține săturați mai mult timp. Cheia este să vă concentrați pe alimente hrănitoare, curate și naturale și să evitați caloriile goale, cum ar fi zahărul, grăsimile saturate și alimentele foarte procesate. Iată câteva trucuri care m-au ajutat să-mi mențin greutatea pe o dietă vegană de-a lungul anilor. Eu mananc legume ca fel principal; Mananca grasimi bune cu moderatie - O grasime buna precum uleiul de masline nu te va ingrasa; Fac sport în mod regulat și gătesc acasă. A fi fericit! Dacă te străduiești să slăbești, poate vrei să încerci o dietă pe bază de plante. Exact? Ca vegetarian, vei reduce consumul de alimente bogate în calorii, cum ar fi alimentele care conțin colesterol, cum ar fi produsele lactate bogate în grăsimi, peștele gras, carnea de porc și ouăle. Încercați să înlocuiți aceste alimente cu alternative bogate în fibre și proteine, care vă vor menține săturați mai mult timp. Cheia este să vă concentrați pe alimente hrănitoare, curate și naturale și să evitați caloriile goale, cum ar fi zahărul, grăsimile saturate și alimentele foarte procesate. Iată câteva trucuri care m-au ajutat să-mi mențin greutatea pe o dietă vegană de-a lungul anilor. Eu mananc legume ca fel principal; Mananca grasimi bune cu moderatie - O grasime buna precum uleiul de masline nu te va ingrasa; Fac sport în mod regulat și gătesc acasă. A fi fericit! Exact? Ca vegetarian, vei reduce consumul de alimente bogate în calorii, cum ar fi alimentele care conțin colesterol, cum ar fi produsele lactate bogate în grăsimi, peștele gras, carnea de porc și ouăle. Încercați să înlocuiți aceste alimente cu alternative bogate în fibre și proteine, care vă vor menține săturați mai mult timp. Cheia este să vă concentrați pe alimente hrănitoare, curate și naturale și să evitați caloriile goale, cum ar fi zahărul, grăsimile saturate și alimentele foarte procesate. Iată câteva trucuri care m-au ajutat să-mi mențin greutatea pe o dietă vegană de-a lungul anilor. Eu mananc legume ca fel principal; Mananca grasimi bune cu moderatie - ulei de masline O grasime buna precum maslinele nu te va ingrasa; Fac sport în mod regulat și gătesc acasă. A fi fericit! Exact? Ca vegetarian, vei reduce consumul de alimente bogate în calorii, cum ar fi alimentele care conțin colesterol, cum ar fi produsele lactate bogate în grăsimi, peștele gras, carnea de porc și ouăle. Încercați să înlocuiți aceste alimente cu alternative bogate în fibre și proteine, care vă vor menține săturați mai mult timp. Cheia este să vă concentrați pe alimente hrănitoare, curate și naturale și să evitați caloriile goale, cum ar fi zahărul, grăsimile saturate și alimentele foarte procesate. Iată câteva trucuri care m-au ajutat să-mi mențin greutatea pe o dietă vegană de-a lungul anilor. Eu mananc legume ca fel principal; Mananca grasimi bune cu moderatie - O grasime buna precum uleiul de masline nu te va ingrasa; Fac sport în mod regulat și gătesc acasă. A fi fericit! Încercați să înlocuiți aceste alimente cu alternative bogate în fibre și proteine, care vă vor menține săturați mai mult timp. Cheia este să vă concentrați pe alimente hrănitoare, curate și naturale și să evitați caloriile goale, cum ar fi zahărul, grăsimile saturate și alimentele foarte procesate. Iată câteva trucuri care m-au ajutat să-mi mențin greutatea pe o dietă vegană de-a lungul anilor. Eu mananc legume ca fel principal; Mananca grasimi bune cu moderatie - O grasime buna precum uleiul de masline nu te va ingrasa; Fac sport în mod regulat și gătesc acasă. A fi fericit! Încercați să înlocuiți aceste alimente cu alternative bogate în fibre și proteine. te va tine mai mult timp. Cheia este să vă concentrați pe alimente hrănitoare, curate și naturale și să evitați caloriile goale, cum ar fi zahărul, grăsimile saturate și alimentele foarte procesate. Iată câteva trucuri care m-au ajutat să-mi mențin greutatea pe o dietă vegană de-a lungul anilor. Eu mananc legume ca fel principal; Mananca grasimi bune cu moderatie - O grasime buna precum uleiul de masline nu te va ingrasa; Fac sport în mod regulat și gătesc acasă. A fi fericit! Mananca grasimi bune cu moderatie - O grasime buna precum uleiul de masline nu te va ingrasa; Fac sport în mod regulat și gătesc acasă. A fi fericit! Mananca grasimi bune cu moderatie - O grasime buna precum uleiul de masline nu te va ingrasa; Fac sport în mod regulat și gătesc acasă. A fi fericit! Mananca grasimi bune cu moderatie - O grasime buna precum uleiul de masline nu te va ingrasa; Fac sport în mod regulat și gătesc acasă. A fi fericit! Mananca grasimi bune cu moderatie - O grasime buna precum uleiul de masline nu te va ingrasa; Fac sport în mod regulat și gătesc acasă. A fi fericit! Mananca grasimi bune cu moderatie - O grasime buna precum uleiul de masline nu te va ingrasa; Fac sport în mod regulat și gătesc acasă. A fi fericit! Mananca grasimi bune cu moderatie - O grasime buna precum uleiul de masline nu te va ingrasa; Fac sport în mod regulat și gătesc acasă. A fi fericit!

Mananca grasimi bune cu moderatie - O grasime buna precum uleiul de masline nu te va ingrasa; Fac sport în mod regulat şi gătesc acasă. A fi fericit! Mananca grasimi bune cu moderatie - O grasime buna precum uleiul de masline nu te va ingrasa; Fac sport în mod regulat şi gătesc acasă. A fi fericit! Mananca grasimi bune cu moderatie - O grasime buna precum uleiul de masline nu te va ingrasa; Fac sport în mod regulat şi gătesc acasă. A fi fericit! Mananca grasimi bune cu moderatie - O grasime buna precum uleiul de masline nu te va ingrasa; Fac sport în mod regulat şi gătesc acasă. A fi fericit! Mananca grasimi bune cu moderatie - O grasime buna precum uleiul de masline nu te va ingrasa; Fac sport în mod regulat şi gătesc acasă. A fi fericit! Mananca grasimi bune cu moderatie - O grasime buna precum uleiul de masline nu te va ingrasa; Fac sport în mod regulat şi gătesc acasă. A fi fericit! Mananca grasimi bune cu moderatie - O grasime buna precum uleiul de masline nu te va ingrasa; Fac sport în mod regulat şi gătesc acasă. A fi fericit! Mananca grasimi bune cu moderatie - O grasime buna precum uleiul de masline nu te va ingrasa; Fac sport în mod regulat şi gătesc acasă. A fi fericit! Mananca grasimi bune cu moderatie - O grasime buna precum uleiul de masline nu te va ingrasa; Fac sport în mod regulat şi gătesc acasă. A fi fericit! Mananca grasimi bune cu moderatie - O grasime buna precum uleiul de masline nu te va ingrasa; Fac sport în mod regulat şi gătesc acasă. A fi fericit! Mananca grasimi bune cu moderatie - O grasime buna precum uleiul de masline nu te va ingrasa; Fac sport în mod regulat şi gătesc acasă. A fi fericit! Mananca grasimi bune cu moderatie - O grasime buna precum uleiul de masline nu te va ingrasa; Fac sport în mod regulat şi gătesc acasă. A fi fericit! Mananca grasimi bune cu moderatie - O grasime buna precum uleiul de masline nu te va ingrasa; Fac sport în mod regulat şi gătesc acasă. A fi fericit! Mananca grasimi bune cu moderatie - O grasime buna precum uleiul de masline nu te va ingrasa; Fac sport în mod regulat şi gătesc acasă. A fi fericit! Mananca grasimi bune cu moderatie - O grasime buna precum uleiul de masline nu te va ingrasa; Fac sport în mod regulat şi gătesc acasă. A fi fericit! Mananca grasimi bune cu moderatie - O grasime buna precum uleiul de masline nu te va ingrasa; Fac sport în mod regulat şi gătesc acasă. A fi fericit! Mananca grasimi bune cu moderatie - O grasime buna precum uleiul de masline nu te va ingrasa; Fac sport în mod regulat şi gătesc acasă. A fi fericit! Mananca grasimi bune cu moderatie - O grasime buna precum uleiul de masline nu te va ingrasa; Fac sport în mod regulat şi gătesc acasă. A fi fericit! Mananca grasimi bune cu moderatie - O grasime buna precum uleiul de masline nu te va ingrasa; Fac sport în mod regulat şi gătesc acasă. A fi fericit! Mananca grasimi bune cu moderatie - O grasime buna precum uleiul de masline nu te va ingrasa; Fac sport în mod regulat şi gătesc acasă. A fi fericit! Mananca grasimi bune cu moderatie - O grasime buna precum uleiul de masline nu te va ingrasa; Fac sport în mod regulat şi gătesc acasă. A fi fericit! Mananca grasimi bune cu moderatie - O grasime buna precum uleiul de masline nu te va ingrasa; Fac sport în mod regulat şi gătesc acasă. A fi fericit! Mananca grasimi bune cu moderatie - O grasime buna precum uleiul de masline nu te va ingrasa; Fac sport în mod regulat şi gătesc acasă. A fi fericit!

Indian tradițional Rajma Dal

(Gata în aproximativ 20 de minute | 4 porții)

Per porție: Calorii: 269; : Ag: 15,2 g; Carbohidrați: 22,9 g; Proteine: 7,2 g

INGREDIENTE

3 linguri ulei de susan

1 lingurita de ghimbir, tocat

1 lingurita de seminte de chimen

1 lingurita seminte de coriandru

1 ceapa mare, tocata

1 tulpină de țelină, tocată

1 lingurita de usturoi, tocat

1 cană sos de roșii

1 lingurita garam masala

1/2 lingurita praf de curry

1 baton mic de scortisoara

1 ardei iute verde, fără semințe și tocat

2 cani de fasole rosie conservata

2 cesti supa de legume

Sare si piper negru macinat dupa gust

Instrucțiuni

Încinge uleiul de susan într-o cratiță la foc mediu-mare; Acum călești ghimbirul, semințele de chimen și semințele de coriandru timp de aproximativ 30 de secunde.

Adăugați ceapa și țelina și continuați să gătiți încă 3 minute până se înmoaie.

Adăugați usturoiul și prăjiți încă 1 minut.

Într-o oală, amestecați celelalte ingrediente și aduceți la fierbere. Continuați să gătiți timp de 10-12 minute sau până când sunt fierte. Serviți cald și bucurați-vă!

Salata de fasole rosie

(Aproximativ 1 oră + timp de răcire rapidă | 6 porții)

Per porție: Calorii: 443; : Ag: 19,2 gr; Carbohidrați: 52,2 g; Proteine: 18,1 gr

INGREDIENTE

3/4 de kilogram de fasole roșie la înmuiat peste noapte

2 colturi de clopot, fixe

1 morcov, decojit și ras

3 uncii boabe de porumb congelate sau conservate

3 linguri, tocate

2 catei de usturoi, tocati

1 ardei rosu, feliat

1/2 cană ulei de măsline extravirgin

2 linguri de otet de mere

2 linguri suc proaspăt de lămâie

Sare de mare și piper negru măcinat

2 linguri coriandru proaspat, tocat

2 linguri patrunjel proaspat, tocat

2 linguri busuioc proaspăt, tocat

Instrucțiuni

Acoperiți fasolea scursă cu un schimb proaspăt de apă rece și aduceți la fierbere. Se fierbe aproximativ 10 minute. Aduceți la fiert și continuați să gătiți timp de 50-55 de minute sau până când se înmoaie.

Lăsați fasolea să se răcească complet, apoi transferați într-un bol de salată.

Adăugați celelalte ingrediente și amestecați bine. Bucura-te de masa ta!

Tocană de fasole și legume Anasazi

(Se prepară în aproximativ 1 oră | 3 porții)

Per porție: Calorii: 444; : Ag: 15,8 gr; Carbohidrați: 58,2 g; Proteine: 20,2 gr

INGREDIENTE

1 cană fasole Anasazi, înmuiată peste noapte și uscată

3 căni de supă de legume prăjite

1 frunza de nap

1 crenguță de cimbru, tocată

1 crenguta de rozmarin, tocata

3 linguri ulei de masline

1 ceapa mare, tocata

2 tulpini de telina, tocate

2 pagini, editate

2 ardei gras, fara semințe și tăiați

1 ardei iute verde, fără seminţe şi tocat

2 catei de usturoi, tocati

Sare de mare şi piper negru măcinat

1 lingurita piper cayenne

1 lingurita boia

Instrucţiuni

Într-o oală, aduceţi fasolea Anasazi şi bulionul la fiert. După ce este gata, fierbeţi lemnele. Adăugaţi frunza de dafin, cardamom şi piper; se fierbe aproximativ 50 de minute sau până când se înmoaie.

Între timp, încălziţi uleiul de măsline la foc mediu-mare. În acest moment, căliţi ceapa, varza, ţelina şi ardeiul până se înmoaie, aproximativ 4 minute.

Adăugaţi usturoiul şi prăjiţi încă 30 de secunde sau până când este parfumat.

Adăugaţi amestecul tocat la fasolea fiartă. Asezonaţi cu sare, piper negru, piper cayenne şi boia de ardei.

Continuaţi să gătiţi, amestecând din când în când, încă 10 minute sau până când totul este fiert. Bucura-te de masa ta!

Shakshuka este ușoară și sățioasă

(Gata în aproximativ 50 de minute | 4 porții)

Per porție: Calorii: 324; : Ag: 11,2 gr; Carbohidrați: 42,2 g; Proteine: 15,8 g

INGREDIENTE

2 linguri ulei de masline

1 ceapa, tocata

2 colturi de clopot, fixe

1 ardei poblano, tocat

2 catei de usturoi, tocati

2 roșii, piure

Sare de mare și piper negru

1 lingurita busuioc uscat

1 lingurita pudra de chili

1 lingurita boia

2 foi de rulare

1 cană de năut, înmuiat peste noapte, clătit și scurs

3 căni de supă de legume

2 linguri coriandru proaspat, tocat grosier

Instrucțiuni

Încinge uleiul de măsline într-o tigaie la foc mediu. Odată fierbinte, fierbeți ceapa, ardeiul și usturoiul până când sunt moale și aromate, aproximativ 4 minute.

Adăugați piureul de roșii, sare de mare, piper negru, busuioc, ardei roșu, boia de ardei și foi de dafin.

Se aduce la fierbere si se adauga naut si legume. Coaceți timp de 45 de minute sau până când se înmoaie.

Gustați și ajustați. Așezați shakshuka pe farfurii individuale și serviți garnisit cu coriandru proaspăt. Bucura-te de masa ta!

Chili de modă veche

(Gata în aproximativ 1 oră și 30 de minute | 4 porții)

Per porție: Calorii: 514; : Ag: 16,4 gr; Carbohidrați: 72g; Proteine: 25,8 g

INGREDIENTE

3/4 de kilogram de fasole roșie la înmuiat peste noapte

2 linguri ulei de masline

1 ceapa, tocata

2 colturi de clopot, fixe

1 ardei rosu, tocat

2 tulpini de telina, tocate

2 catei de usturoi, tocati

2 foi de rulare

1 lingurita chimen macinat

1 lingurita de cimbru, tocat

1 lingurita piper negru

20 oz roșii, zdrobite

2 cesti supa de legume

1 lingurita boia macinata

Sare de mare

2 linguri coriandru proaspat, tocat

1 avocado, curățați, curățați și feliați

Instrucțiuni

Acoperiți fasolea scursă cu un schimb proaspăt de apă rece și aduceți la fierbere. Se fierbe aproximativ 10 minute. Aduceți la fiert și continuați să gătiți timp de 50-55 de minute sau până când se înmoaie.

Încinge ulei de măsline la foc mediu. Odată fierbinte, prăjiți ceapa, ardeiul și țelina.

Se calesc usturoiul, foile de dafin, chimenul, cardamomul si piperul negru timp de aproximativ 1 minut.

Adăugați roșiile tăiate cubulețe, bulionul de legume, boia de ardei, sare și fasolea prăjită. Coaceți 25-30 de minute sau până când sunt fierte, amestecând din când în când.

Serviți ornat cu coriandru proaspăt și avocado. Bucura-te de masa ta!

Salată de spanac roșu deschis

(Gata în aproximativ 20 de minute + timp de răcire rapid | 3 porții)

Per porție: Calorii: 295; : Ag: 18,8 gr; Carbohidrați: 25,2 g; Proteine: 8,5 g

INGREDIENTE

1/2 cană de porumb roșu, înmuiat peste noapte și uscat

1 1/2 cani de apa

1 ardei

1 frunza de nap

1 cană roșii struguri, tăiate la jumătate

1 castravete, feliat subțire

1 ardei gras, feliat subțire

1 cățel de usturoi, tocat

1 ceapă, feliată subțire

2 linguri suc proaspăt de lămâie

4 linguri ulei de masline

Sare de mare și piper negru măcinat

Instrucțiuni

Adaugati porumb rosu, apa, rozmarin si foile de dafin intr-o oala si aduceti la fiert la foc iute. Apoi aduceți la fierbere și fierbeți timp de 20 de minute sau până când se înmoaie.

Pune roșia într-un castron de salată și se răcește complet.

Adăugați celelalte ingrediente și amestecați bine. Se serveste la temperatura camerei sau foarte rece.

Bucura-te de masa ta!

Salată mediteraneană de năut

(Gata în aproximativ 40 de minute + timp de răcire rapid | 4 porții)

Per porție: Calorii: 468; Greutate: 12,5 g; Carbohidrați: 73g; Proteine: 21,8 g

INGREDIENTE

2 căni de năut, înmuiat peste noapte și scurs

1 castravete, feliat

1 cană de roșii cherry, tăiate la jumătate

1 ardei gras rosu, fara samburi si feliat

1 ardei verde, fara samburi si feliat

1 lingurita mustar delicatessen

1 lingurita seminte de coriandru

1 lingurita de ardei jalapeño, tocat

1 lingura suc proaspat de lamaie

1 lingura otet balsamic

1/4 cană ulei de măsline extravirgin

Sare de mare și piper negru măcinat

2 linguri coriandru proaspat, tocat

2 linguri masline Kalamata, taiate si feliate

Instrucțiuni

Puneți năutul în oală; acoperiți mazărea cu 2 inci de apă. Se fierbe.

Aduceți imediat la fiert și fierbeți timp de aproximativ 40 de minute sau până când se înmoaie.

Transferați năutul într-un castron de salată. Adăugați celelalte ingrediente și amestecați bine. Bucura-te de masa ta!

Tocană tradițională de fasole toscană (Ribollita)

(Gata în aproximativ 25 de minute | 5 porții)

Per porție: Calorii: 388; Denumiri: 10,3 g; Carbohidrați: 57,3 g; Proteine: 19,5 g

INGREDIENTE

3 linguri ulei de masline

1 mediu, tuns

1 tulpina de telina, tocata

1 afine, feliată

1 ardei italian, feliat

3 catei de usturoi, tocati

2 foi de rulare

Sare si piper negru macinat dupa gust

1 lingurita piper cayenne

1 roșie (28 oz), decojită

2 cesti supa de legume

2 conserve (15 oz) de fasole Great Northern, scursa

2 căni de kale, tăiată în bucăți

1 cană de crab

Instrucțiuni

Încinge ulei de măsline la foc mediu. Odată fierbinte, rumeniți prazul, țelina, ceapa și ardeiul timp de aproximativ 4 minute.

Se calesc usturoiul si foile de dafin aproximativ 1 minut.

Adăugați condimentele, roșiile, bulionul și fasolea conservată. Gatiti, amestecand ocazional, timp de aproximativ 15 minute sau pana cand sunt fierti.

Adăugați varza și continuați să gătiți timp de 4 minute, amestecând din când în când.

Se servesc ornate cu corb. Bucura-te de masa ta!

Porumb beluga și amestec de legume

(Gata în aproximativ 25 de minute | 5 porții)

Per porție: Calorii: 382; : Ag: 9,3 g; Carbohidrați: 59g; Proteine: 17,2 g

INGREDIENTE

3 linguri ulei de masline

1 ceapa, tocata

2 ardei gras, fara semințe și tăiați

1 morcov, decojit și tocat

1 pastarnac, curatat si tocat

1 lingurita de ghimbir, tocat

2 catei de usturoi, tocati

Sare de mare și piper negru măcinat

1 afine mare, feliată

1 cană sos de roșii

1 cană supă de legume

1 ½ cană de porumb beluga, înmuiat peste noapte și uscat

2 căni de smog elvețian

Instrucțiuni

Încinge uleiul de măsline într-un cuptor olandez până se îngroașă. Prăjiți acum ceapa, ardeiul, morcovul și păstârnacul până se înmoaie.

Adăugați ghimbirul și usturoiul și continuați să gătiți încă 30 de secunde.

Acum adăugați sare, piper negru, făină, sos de roșii, supă de legume și porumb; se fierbe aproximativ 20 de minute până când totul este bine fiert.

Adăugați furnicile; acoperiți și gătiți încă 5 minute. Bucura-te de masa ta!

Dulceuri mexicane de taco cu naut

(Gata în aproximativ 15 minute | 4 porții)

Per porție: Calorii: 409; Denumiri: 13,5 g; Carbohidrați: 61,3 g; Proteine: 13,8 g

INGREDIENTE

2 linguri ulei de susan

1 ceapa rosie, tocata

1 ardei habanero, tocat

2 catei de usturoi, tocati

2 ardei gras, fara semințe și tăiați

Sare de mare și piper negru măcinat

1/2 linguriță de oregano mexican

1 lingurita chimen macinat

2 roșii coapte, făcute piure

1 lingurita zahar brun

16 uncii de naut la conserva, scurs

4 tigăi (8 inchi).

2 linguri coriandru proaspat, tocat grosier

Instrucțiuni

Încinge uleiul de susan într-o tigaie mare la foc mediu. Apoi căliți ceapa timp de 2-3 minute sau până se înmoaie.

Adăugați ardeiul și usturoiul și continuați să prăjiți timp de 1 minut sau până când este parfumat.

Se adauga condimentele, rosiile si zaharul brun si se aduce la fierbere. Se aduce imediat la fierbere, se adaugă năutul din conserva și se fierbe încă 8 minute sau până se încălzește.

Prăjiți furnicile și aranjați-le cu amestecul de năut pregătit.

Acoperiți cu coriandru proaspăt și serviți imediat. Bucura-te de masa ta!

Din cântecul indian

(Gata în aproximativ 20 de minute | 6 porții)

Per porție: Calorii: 329; Denumiri: 8,5 g; Carbohidrați: 44,1 g; Proteine: 16,8 g

INGREDIENTE

3 linguri ulei de susan

1 ceapa mare, tocata

1 ardei gras, fără sămânță și tăiat

2 catei de usturoi, tocati

1 lingura de ghimbir, ras

2 ardei verzi, fără semințe și tăiați

1 lingurita de seminte de chimen

1 frunza de nap

1 lingurita pudra de turmeric

1/4 lingurita de ardei rosu

1/4 linguriță de pământ

1/2 lingurita masala neagra

1 cană sos de roșii

4 cesti supa de legume

1 ½ cană de porumb negru, înmuiat peste noapte și uscat

4-5 frunze de curry pentru ornat

Instrucțiuni

Încinge uleiul de susan într-o cratiță la foc mediu-mare; acum, mai fierbeți încă 3 minute până când ceapa și ardeiul gras sunt moi.

Adăugați usturoi, ghimbir, ardei verde, semințe de chimen și foi de dafin; Gatiti, amestecand des, timp de 1 minut sau pana cand se simte parfumat.

Combinați toate celelalte ingrediente, cu excepția frunzelor de curry. Acum fierbe focul. Continuați să coaceți încă 15 minute sau până când sunt fierte.

Se ornează cu frunze de curry și se servește fierbinte!

Dulceată de fasole în stil mexican

(Aproximativ 1 oră + timp de răcire rapidă | 6 porții)

Per porție: Calorii: 465; : Ag: 17,9 gr; Carbohidrați: 60,4 g; Proteine: 20,2 gr

INGREDIENTE

1 kilogram de fasole rosie, inmuiata peste noapte si uscata

1 cană boabe de porumb conservate

2 ardei copți, tăiați în felii

1 ardei iute, feliat subțire

1 cană de roşii cherry, tăiate la jumătate

1 ceapa rosie, tocata

1/4 cana coriandru proaspat, tocat

1/4 cana patrunjel proaspat, tocat

1 lingurita de oregano mexican

1/4 cană oțet de vin roşu

2 linguri suc proaspăt de lămâie

1/3 cană ulei de măsline extravirgin

Sare de mare si neagra dupa gust

1 avocado, decojit, fără miez și feliat

Instrucțiuni

Acoperiți fasolea scursă cu un schimb proaspăt de apă rece și aduceți la fierbere. Se fierbe aproximativ 10 minute. Aduceți la fiert și continuați să gătiți timp de 50-55 de minute sau până când se înmoaie.

Lăsați fasolea să se răcească complet, apoi transferați într-un bol de salată.

Adăugați celelalte ingrediente și amestecați bine. Servit în room service.

Bucura-te de masa ta!

Minestron clasic italian

(Se prepară în aproximativ 30 de minute | 5 porții)

Per porție: Calorii: 305; Denumiri: 8,6 g; Carbohidrați: 45,1 g; Proteine: 14,2 g

INGREDIENTE

2 linguri ulei de masline

1 ceapa mare, tocata

2 morcovi, feliați

4 catei de usturoi, tocati

1 cană pastă de coate

5 căni de supă de legume

1 uncie poate fi fasole albă

1 afine mare, feliată

1 roșie (28 oz), decojită

1 lingura frunze de oregano proaspete, tocate

1 lingura frunze proaspete de busuioc, tocate

1 lingura patrunjel italian proaspat, tocat

Instrucțiuni

Încinge uleiul de măsline într-un cuptor olandez până se îngroașă. Acum prăjiți ceapa și morcovul până se înmoaie.

Adăugați usturoiul, pastele crude și bulionul; Se fierbe aproximativ 15 minute.

Combinați fasolea, afinele, roșiile și ierburile. Continuați să gătiți, acoperit, până când totul este fiert, aproximativ 10 minute.

Ornați cu câteva ierburi suplimentare, dacă doriți. Bucura-te de masa ta!

Salată de varză și spanac

(Se prepară în aproximativ 30 de minute | 5 porții)

Per porție: Calorii: 415; Denumiri: 6,6 g; Carbohidrați: 71 g; Proteine: 18,4 g

INGREDIENTE

2 linguri ulei de masline

1 ceapa, tocata

2 cartofi dulci, curatati si taiati cubulete

1 colt clopot, fix

2 pagini, editate

1 pastarnac, tocat

1 telina, tocata

2 catei de usturoi

1 ½ cană de porumb verde

1 lingură amestec italian de ierburi

1 cană sos de roșii

5 căni de supă de legume

1 cană de porumb congelat

1 cană de varză, tăiată în bucăți

Instrucțiuni

Încinge uleiul de măsline într-un cuptor olandez până se îngroașă. Acum căliți ceapa, cartofii dulci, ardeiul gras, morcovul, păstârnacul și țelina până se înmoaie.

Adăugați usturoiul și prăjiți încă 30 de secunde.

Acum adăugați porumbul verde, amestecul italian de ierburi, sosul de roșii și supa de legume; se fierbe aproximativ 20 de minute până când totul este bine fiert.

Adăugați porumb și legume congelate; acoperiți și gătiți încă 5 minute. Bucura-te de masa ta!

Legume de grădină cu năut

(Gata în aproximativ 30 de minute | 4 porții)

Per porție: Calorii: 369; : Ag: 18,1 gr; Carbohidrați: 43,5 g; Proteine: 13,2 g

INGREDIENTE

2 linguri ulei de masline

1 ceapă, feliată subțire

1 colt clopot, fix

1 farfurie, tunsă

3 catei de usturoi, tocati

2 roșii coapte, făcute piure

2 linguri patrunjel proaspat, tocat grosier

2 linguri busuioc proaspăt, tocat grosier

2 linguri coriandru proaspat, tocat grosier

2 cesti supa de legume

14 uncii de naut la conserva, scurs

Sare si piper negru macinat dupa gust

1/2 lingurita piper cayenne

1 lingurita boia

1 avocado, curatat de coaja si feliat

Instrucțiuni

Încinge ulei de măsline la foc mediu. Odată fierbinte, prăjiți ceapa, ardeiul și arpagicul pentru aproximativ 4 minute.

Se caleste usturoiul aproximativ 1 minut sau pana cand este parfumat.

Adăugați roșii, ierburi proaspete, bulion, năut, sare, piper negru, piper cayenne și boia de ardei. Gatiti aproximativ 20 de minute sau pana cand sunt fierte, amestecand din cand in cand.

Gustați și ajustați. Se servesc ornat cu felii de avocado proaspete. Bucura-te de masa ta!

Salsa de fasole fierbinte

(Gata în aproximativ 30 de minute | 10 porții)

Per porție: Calorii: 175; Denumiri: 4,7 g; Carbohidrați: 24,9 g; Proteine: 8,8 g

INGREDIENTE

2 conserve (15 oz) de fasole Great Northern, scursa

2 linguri ulei de masline

2 linguri sos Sriracha

2 lingurite drojdie nutritiva

4 oz cremă de brânză vegană

1/2 lingurita boia

1/2 lingurita piper cayenne

1/2 lingurita de chimen macinat

Sare de mare și piper negru măcinat

4 oz chipsuri tortilla

Instrucțiuni

Preîncălziți cuptorul la 360 de grade.

Într-un robot de bucătărie, amestecați toate ingredientele, cu excepția chipsurilor tortilla până la consistența dorită.

Coaceți salsa în cuptorul preîncălzit pentru aproximativ 25 de minute sau până se încălzește.

Serviți cu chipsuri tortilla și bucurați-vă!

Salată chinezească de soia

(Gata în aproximativ 10 minute | 4 porții)

Per porție: Calorii: 265; : Ag: 13,7 gr; Carbohidrați: 21 g; Proteine: 18 g

INGREDIENTE

1 (15 oz) boabe de soia, uscate

1 cană rachetă

1 cană baby spanac

1 cană de varză verde, rasă

1 ceapă, feliată subțire

1/2 lingurita de usturoi, tocat

1 lingurita de ghimbir, tocat

1/2 lingurita mustar

2 linguri sos de soia

1 lingura otet de orez

1 lingura suc de lamaie

2 linguri tahini

1 lingurita sirop de agave

Instrucțiuni

Puneți boabele de soia, rucola, spanacul, varza și ceapa într-un castron de salată; amestecați pentru a combina.

Amestecați ingredientele rămase pentru dressing într-un castron mic.

Se imbraca salata si se serveste imediat. Bucura-te de masa ta!

Porumb și legume de modă veche

(Gata în aproximativ 25 de minute | 5 porții)

Per porție: Calorii: 475; : Ag: 17,3 gr; Carbohidrați: 61,4 g; Proteine: 23,7 g

INGREDIENTE

3 linguri ulei de masline

1 ceapa mare, tocata

1 morcov, tăiat

1 ardei gras, tocat

1 ardei habanero, tocat

3 catei de usturoi, tocati

Se condimenteaza cu sare si piper negru dupa gust

1 lingurita chimen macinat

1 lingurita boia macinata

1 roșie (28 oz), decojită

2 linguri de ketchup

4 cesti supa de legume

3/4 cană de porumb roșu uscat, înmuiat peste noapte și uscat

1 avocado, feliat

Instrucțiuni

Încinge ulei de măsline la foc mediu. Odată fierbinte, prăjiți ceapa, morcovul și ardeiul timp de aproximativ 4 minute.

Se caleste usturoiul aproximativ 1 minut.

Adăugați condimente, roșii, ketchup, bulion și porumb conservat. Gatiti aproximativ 20 de minute sau pana cand sunt fierte, amestecand din cand in cand.

Se servesc ornat cu felii de avocado. Bucura-te de masa ta!

Indian Chana Masala

(Gata în aproximativ 15 minute | 4 porții)

Per porție: Calorii: 305; Denumiri: 17,1 gr; Carbohidrați: 30,1 g; Proteine: 9,4 g

INGREDIENTE

1 cană roșii, piure

1 ardei iute Kashmir, tocat

1 mare și mic, tuns

1 lingurita de ghimbir proaspat, curatat si ras

4 linguri ulei de masline

2 catei de usturoi, tocati

1 lingurita seminte de coriandru

1 lingurita garam masala

1/2 lingurita pudra de turmeric

Sare de mare și piper negru măcinat

1/2 cană supă de legume

16 oz de naut conservat

1 lingura suc proaspat de lamaie

Instrucțiuni

Într-un blender sau robot de bucătărie, amestecați roșiile, ardeiul de Kashmir, chimenul și ghimbirul într-o pastă.

Încinge uleiul de măsline într-o cratiță la foc mediu. Odată fierbinte, gătiți pastele și usturoiul pregătite pentru aproximativ 2 minute.

Adăugați condimentele rămase, bulionul și năutul. Aduceți focul la fierbere. Continuați să gătiți încă 8 minute sau până când sunt fierte.

Se ia de pe foc. Stropiți cu suc proaspăt de lămâie peste fiecare porție. Bucura-te de masa ta!

Pate de fasole rosie

(Gata în aproximativ 10 minute | 8 porții)

Per porție: Calorii: 135; Denumiri: 12,1 g; Carbohidrați: 4,4 g; Proteine: 1,6 g

INGREDIENTE

2 linguri ulei de masline

1 ceapa, tocata

1 colt clopot, fix

2 catei de usturoi, tocati

2 cani de fasole rosie, fiarta si scursa

1/4 cană ulei de măsline

1 lingurita mustar macinat

2 linguri patrunjel proaspat, tocat

2 linguri busuioc proaspăt, tocat

Sare de mare și piper negru măcinat

Instrucțiuni

Încinge uleiul de măsline într-o cratiță la foc mediu-înalt. Acum fierbeți ceapa, ardeiul și usturoiul până când se înmoaie sau aproximativ 3 minute.

Adăugați amestecul de sos în blender; Adăugați alte ingrediente. Amestecă ingredientele într-un blender sau robot de bucătărie.

Bucura-te de masa ta!

Porumb brun

(Gata în aproximativ 20 de minute + timp de răcire rapid | 4 porții)

Per porție: Calorii: 452; Denumiri: 16,6 g; Carbohidrați: 61,7 g; Proteine: 16,4 g

INGREDIENTE

1 cană de porumb brun, înmuiat peste noapte și uscat

3 căni de apă

2 căni de orez brun, fiert

1 afine, feliată

1 ceapa rosie, tocata

1 lingurita de usturoi, tocat

1 castravete, feliat

1 ardei gras, feliat

4 linguri ulei de masline

1 lingura otet de orez

2 linguri suc de lamaie

2 linguri sos de soia

1/2 lingurita oregano uscat

1/2 lingurita de chimen macinat

Sare de mare și piper negru măcinat

2 căni de ruchetă

2 cani de salata romana, tocata

Instrucțiuni

Adăugați porumb maro și apă într-o oală și aduceți la fierbere la foc mare. Apoi aduceți la fierbere și fierbeți timp de 20 de minute sau până când se înmoaie.

Pune roșia într-un castron de salată și se răcește complet.

Adăugați celelalte ingrediente și amestecați bine. Se serveste la temperatura camerei sau foarte rece. Bucura-te de masa ta!

Supă de fasole Anasazi fierbinte și picant

(Gata în aproximativ 1 oră și 10 minute | 5 porții)

Per porție: Calorii: 352; Denumiri: 8,5 g; Carbohidrați: 50,1 g; Proteine: 19,7 g

INGREDIENTE

2 cani de fasole Anasazi, inmuiata peste noapte, scursa si clatita

8 căni de apă

2 foi de rulare

3 linguri ulei de masline

2 cepe medii, tocate

2 colturi de clopot, fixe

1 ardei habanero, tocat

3 catei de usturoi, macinati sau tocati

Sare de mare și piper negru măcinat

Instrucțiuni

Aduceți fasolea Anasazi și apă la fiert într-o oală. După ce este gata, fierbeți lemnele. Adăugați foile de dafin și gătiți aproximativ 1 oră.

Între timp, încălziți uleiul de măsline la foc mediu-mare. Acum căliți ceapa, ardeiul și usturoiul timp de aproximativ 4 minute până când se înmoaie.

Adăugați amestecul tocat la fasolea fiartă. Se condimentează cu sare și piper negru.

Continuați să gătiți, amestecând din când în când, încă 10 minute sau până când totul este fiert. Bucura-te de masa ta!

Salată de năut cu ochi negri (Ñebbe).

(Se prepară în aproximativ 1 oră | 5 porții)

Per porție: Calorii: 471; : Ag: 17,5 gr; Carbohidrați: 61,5 g; Proteine: 20,6 g

INGREDIENTE

2 căni de năut uscat, înmuiat peste noapte și scurs

2 linguri frunze de busuioc, tocate

2 linguri frunze de patrunjel tocate

1 mic, tuns

1 castravete, feliat

2 ardei gras, fara semințe și tăiați

1 ardei scotch bonnet, fără semințe și feliat subțire

1 cană roșii cherry tăiate cubulețe

Sare de mare și piper negru măcinat

2 linguri suc proaspăt de lămâie

1 lingura otet de mere

1/4 cană ulei de măsline extravirgin

1 avocado, decojit, fără miez și feliat

Instrucțiuni

Acoperiți năutul cu 2 inci de apă și aduceți la fierbere ușor. Se fierbe aproximativ 15 minute.

Apoi fierbeți focul timp de 45 de minute. Se lasa sa se raceasca complet.

Puneți mazărea cu ochi negri într-un castron de salată. Se adauga busuiocul, patrunjelul, ceapa, castravetele, piperul, rosiile cherry, sare si piper negru.

Într-un castron, amestecați sucul de lămâie, oțetul și uleiul de măsline.

Se imbraca salata, se pune deasupra avocado proaspat si se serveste imediat. Bucura-te de masa ta!

Faimosul ardei iute al mamei mele

(Gata în aproximativ 1 oră și 30 de minute | 5 porții)

Per porție: Calorii: 455; Denumiri: 10,5 g; Carbohidrați: 68,6 g; Proteine: 24,7 g

INGREDIENTE

1 kilogram de fasole roșie, înmuiată peste noapte și uscată

3 linguri ulei de masline

1 ceapa rosie mare, tocata

2 colțuri tăiate

1 ardei poblano, tocat

1 morcov mare, decojit și tocat

2 catei de usturoi, tocati

2 foi de rulare

1 lingurita piper macinat

Se condimenteaza cu sare si piper dupa gust

1 lingura boia

2 roșii coapte, făcute piure

2 linguri de ketchup

3 căni de supă de legume

Instrucțiuni

Acoperiți fasolea scursă cu un schimb proaspăt de apă rece și aduceți la fierbere. Se fierbe aproximativ 10 minute. Aduceți la fiert și continuați să gătiți timp de 50-55 de minute sau până când se înmoaie.

Încinge ulei de măsline la foc mediu. Odată fierbinte, prăjiți ceapa, ardeii și morcovii.

Se caleste usturoiul pentru aproximativ 30 de secunde sau pana cand este parfumat.

Adăugați celelalte ingrediente împreună cu fasolea fiartă. Coaceți 25-30 de minute sau până când sunt fierte, amestecând din când în când.

Scoateți foile de dafin, turnați în boluri individuale și serviți fierbinți!

Salată de năut cu cremă de nuci de pin

(Gata în aproximativ 10 minute | 4 porții)

Per porție: Calorii: 386; : Ag: 22,5 gr; Carbohidrați: 37,2 g; Proteine: 12,9 g

INGREDIENTE

16 uncii de naut la conserva, scurs

1 lingurita de usturoi, tocat

1 mic, tuns

1 cană de roșii cherry, tăiate la jumătate

1 ardei gras, fara samburi si feliat

1/4 cană busuioc proaspăt, tocat

1/4 cana patrunjel proaspat, tocat

1/2 cană maioneză vegană

1 lingura suc de lamaie

1 lingurita capac, apa

Sare de mare și piper negru măcinat

2 uncii nuci de pin

Instrucțiuni

Puneți mazărea, legumele și ierburile într-un castron de salată.

Adăugați maioneză, suc de lămâie, chefir, sare și piper negru. Se amestecă împreună.

Acoperiți cu nuci de pin și serviți imediat. Bucura-te de masa ta!

Pastă de fasole neagră

(Se prepară în aproximativ 1 oră | 4 porții)

Per porție: Calorii: 365; Denumiri: 14,1 g; Carbohidrați: 45,6 g; Proteine: 15,5 g

INGREDIENTE

1/2 kilogram de fasole neagră, înmuiată peste noapte și uscată

2 căni de orez brun, fiert

1 ceapă medie, feliată subțire

1 cană de ardei gras, fără sămânță și tăiat felii

1 ardei jalapeno, fără sămânță și feliat

2 catei de usturoi, tocati

1 cană rachetă

1 cană baby spanac

1 lingurita coaja de lime

1 lingură muștar de Dijon

1/4 cană oțet de vin roșu

1/4 cană ulei de măsline extravirgin

2 linguri sirop de agave

Asezonați cu sare de mare și piper negru măcinat

1/4 cană pătrunjel italian proaspăt, tocat grosier

Instrucțiuni

Acoperiți fasolea scursă cu un schimb proaspăt de apă rece și aduceți la fierbere. Se fierbe aproximativ 10 minute. Aduceți la fiert și continuați să gătiți timp de 50-55 de minute sau până când se înmoaie.

Pentru a servi, împărțiți fasolea și orezul în farfurii de servire; acoperiți cu legume.

Într-un castron mic, combinați cu grijă coaja de lămâie, muștarul, oțetul, uleiul de măsline, siropul de agave, sare și piper. Stropiți vinegreta peste salată.

Se ornează cu pătrunjel italian proaspăt. Bucura-te de masa ta!

Tocană de năut din Orientul Mijlociu

(Gata în aproximativ 20 de minute | 4 porții)

Per porție: Calorii: 305; : Ag: 11,2 gr; Carbohidrați: 38,6 g; Proteine: 12,7 g

INGREDIENTE

1 ceapa, tocata

1 ardei rosu, tocat

2 catei de usturoi, tocati

1 linguriță de semințe de muștar

1 lingurita seminte de coriandru

1 frunza de nap

1/2 cană piure de roșii

2 linguri ulei de masline

1 tulpina de telina, tocata

2 morcovi medii, decojiti si tocati

2 cesti supa de legume

1 lingurita chimen macinat

1 baton mic de scortisoara

16 uncii de naut la conserva, scurs

2 căni de mătgul elvețian, tocat

Instrucțiuni

Într-un blender sau robot de bucătărie, amestecați pasta cu ceapa, ardeiul roșu, usturoiul, semințele de muștar, semințele de coriandru, foile de dafin și piureul de roșii.

Se incinge uleiul de masline intr-o tigaie pana se ingroasa. În acest moment, gătiți țelina și morcovul aproximativ 3 minute sau până când se înmoaie. Adăugați pastele și continuați să gătiți încă 2 minute.

Apoi adăugați bulionul de legume, chimenul, scorțișoara și năutul; Se aduce la fierbere blând.

Aprindeți focul și gătiți timp de 6 minute; Adăugați bulionul și continuați să gătiți încă 4-5 minute sau până când frunzele se ofilesc. Serviți cald și bucurați-vă!

Distracție și sos de roșii

(Gata în aproximativ 10 minute | 8 porții)

Per porție: Calorii: 144; Denumiri: 4,5 g; Carbohidrați: 20,2 g; Proteine: 8,1 g

INGREDIENTE

16 uncii de porumb, fiert și scurs

4 linguri rosii uscate la soare, tocate

1 cană pastă de tomate

4 linguri tahini

1 lingurita mustar macinat

1 lingurita chimen macinat

1/4 lingurita frunze de dafin macinate

1 lingurita pudra de chili

Sare de mare și piper negru măcinat

Instrucțiuni

Amestecă toate ingredientele într-un blender sau robot de bucătărie până când se obține consistența dorită.

Se da la frigider pana la servire.

Serviți cu felii de pita prăjite sau bețișoare de legume. A fi fericit!

Salată cremoasă de năut

(În aproximativ 10 minute + timp de răcire rapidă | 6 porții)

Per porție: Calorii: 154; Denumiri: 6,7 g; Carbohidrați: 17,3 g; Proteine: 6,9 g

INGREDIENTE

2 conserve (14,5 oz) de năut, scurs

1/2 cană maioneză vegană

1 lingurita mustar de Dijon

2 linguri, tocate

2 sare, tocate

1/2 cana ciuperci marinate, tocate si uscate

1/2 lingurita de usturoi, tocat

Sare de mare și piper negru măcinat

Instrucțiuni

Pune toate ingredientele într-un bol de salată. Se amestecă uşor pentru a se combina.

Dati salata la frigider pana este gata de servire.

Bucura-te de masa ta!

Hummus din Orientul Mijlociu Za'atar

(Gata în aproximativ 10 minute | 8 porții)

Per porție: Calorii: 140; Denumiri: 8,5 g; Carbohidrați: 12,4 g; Proteine: 4,6 g

INGREDIENTE

10 uncii de năut, fiert și scurs

1/4 cană tahini

2 linguri ulei de masline extravirgin

2 linguri rosii uscate la soare, tocate

1 lămâie, proaspăt storsă

2 catei de usturoi, tocati

Sare si piper negru macinat dupa gust

1/2 lingurita boia macinata

1 lingurita Za'atar

Instrucțiuni

Amestecă toate ingredientele în robotul tău de bucătărie până devine cremoasă și netedă.

Se da la frigider pana la servire.

Bucura-te de masa ta!

Salata de porumb cu nuci de pin

(Gata în aproximativ 20 de minute + timp de răcire rapid | 3 porții)

Per porție: Calorii: 332; : Ag: 19,7 g; Carbohidrați: 28,2 g; Proteine: 12,2 g

INGREDIENTE

1/2 cană porumb brun

1 ½ cani supa de legume

1 morcov, tăiat în bețișoare

1 ceapa mica, tocata

1 castravete, feliat

2 catei de usturoi, tocati

3 linguri ulei de masline extravirgin

1 lingura otet de vin rosu

2 linguri suc de lamaie

2 linguri busuioc, tocat

2 linguri patrunjel tocat

2 linguri de ceai, tocat

Sare de mare și piper negru măcinat

2 linguri de nuci de pin, tocate grosier

Instrucțiuni

Adăugați porumbul brun și legumele în oală și aduceți la fierbere la foc mare. Apoi aduceți la fierbere și fierbeți timp de 20 de minute sau până când se înmoaie.

Pune salata într-un bol.

Adăugați legumele și amestecați bine. Într-un castron amestecați uleiul, oțetul, sucul de lămâie, busuiocul, pătrunjelul, ceaiul, sarea și piperul negru.

Se imbraca salata, se orneaza cu nuci de pin si se serveste la temperatura camerei. Bucura-te de masa ta!

Salată de fasole Anasazi cu armata

(Se prepară în aproximativ 1 oră | 5 porții)

Per porție: Calorii: 482; : Ag: 23,1 gr; Carbohidrați: 54,2 g; Proteine: 17,2 g

INGREDIENTE

2 cani de fasole Anasazi, inmuiata peste noapte, scursa si clatita

6 căni de apă

1 ardei poblano, tocat

1 ceapa, tocata

1 cană de roșii cherry, tăiate la jumătate

2 cani de afine amestecate, tocate

Îmbrăcați-vă:

1 lingurita de usturoi, tocat

1/2 cană ulei de măsline extravirgin

1 lingura suc de lamaie

2 linguri otet de vin rosu

1 lingura de mustar macinat cu piatra

1 lingura sos de soia

1/2 lingurita oregano uscat

1/2 lingurita busuioc uscat

Sare de mare și piper negru măcinat

Instrucțiuni

Aduceți fasolea Anasazi și apă la fiert într-o oală. Odată ce fierbe, reduceți focul la mic și fierbeți timp de aproximativ 1 oră sau până când se înmoaie.

Scurgeți fasolea fiartă și puneți-le într-un bol de salată; adăugați alte ingrediente pentru salată.

Apoi, într-un castron mic, amestecați toate ingredientele pentru dressing până se combină bine. Se îmbracă salata și se amestecă. Serviți la temperatura camerei și bucurați-vă!

Tocană tradițională Mnazaleh

(Gata în aproximativ 25 de minute | 4 porții)

Per porție: Calorii: 439; Denumiri: 24 g; Carbohidrați: 44,9 g; Proteine: 13,5 g

INGREDIENTE

4 linguri ulei de masline

1 ceapa, tocata

1 vinete mare, curatata si taiata cubulete

1 cană morcovi, tocați

2 catei de usturoi, tocati

2 roșii mari, făcute piure

1 lingurita ienibahar

2 cesti supa de legume

14 uncii de naut la conserva, scurs

Sare si piper negru macinat dupa gust

1 avocado mediu, decojit, fără sâmburi și feliat

Instrucțiuni

Încinge ulei de măsline la foc mediu. Odată fierbinte, prăjiți ceapa, vinetele și morcovul aproximativ 4 minute.

Se caleste usturoiul aproximativ 1 minut sau pana cand este parfumat.

Adăugați roșiile, condimentele, bulionul și năut la conserva. Gatiti aproximativ 20 de minute sau pana cand sunt fierte, amestecand din cand in cand.

Se condimentează cu sare și piper. Se servesc ornat cu felii de avocado proaspete. Bucura-te de masa ta!

Spanac roșu tartinat

(Gata în aproximativ 25 de minute | 9 porții)

Per porție: Calorii: 193; Denumiri: 8,5 g; Carbohidrați: 22,3 g; Proteine: 8,5 g

INGREDIENTE

1 ½ cană de porumb roșu, înmuiat peste noapte și uscat

4 1/2 căni de apă

1 ardei

2 foi de rulare

2 ardei copți, fără semințe și tocați

1 mic, tuns

2 catei de usturoi, tocati

1/4 cană ulei de măsline

2 linguri tahini

Sare de mare și piper negru măcinat

Instrucțiuni

Adaugati porumb rosu, apa, rozmarin si foile de dafin intr-o oala si aduceti la fiert la foc iute. Apoi aduceți la fierbere și fierbeți timp de 20 de minute sau până când se înmoaie.

Puneți intrarea într-un robot de bucătărie.

Adăugați celelalte ingrediente și procesați până când totul este bine combinat.

Bucura-te de masa ta!

Naut picant prajit la wok

(Gata în aproximativ 10 minute | 4 porții)

Per porție: Calorii: 196; Denumiri: 8,7 g; Carbohidrați: 23g; Proteine: 7,3 g

INGREDIENTE

2 linguri ulei de susan

1 ceapa, tocata

1 morcov, decojit și tocat

1 lingurita pasta de ghimbir-usturoi

1 kilogram de năut

Boabe de piper de Sichuan, după gust

1 lingurita sos Sriracha

2 linguri sos de soia

1 lingura otet de orez

Instrucțiuni

Încinge ghee într-o tigaie până se îngroașă. Acum căliți ceapa și țelina timp de 2 minute sau până când sunt limpezi.

Adăugați pasta de ghimbir-usturoi și continuați să gătiți încă 30 de secunde.

Adaugati mazarea de zapada si caliti la foc iute pana se rumenesc usor, aproximativ 3 minute.

Apoi adăugați piper, Sriracha, sosul de soia și oțetul de orez și prăjiți încă un minut. Serviți imediat și bucurați-vă!

Chili rapid în fiecare zi

(Gata în aproximativ 35 de minute | 5 porții)

Per porție: Calorii: 345; Denumiri: 8,7 g; Glucide: 54,5 g; Proteine: 15,2 g

INGREDIENTE

2 linguri ulei de masline

1 ceapa mare, tocata

1 telina cu frunze, curatata si tocata

1 morcov, decojit și tocat

1 cartof dulce, decojit și tăiat cubulețe

3 catei de usturoi, tocati

1 ardei jalapeno, tocat

1 lingurita piper cayenne

1 lingurita seminte de coriandru

1 lingurita de seminte de fenicul

1 lingurita boia

2 cani de rosii fierte, curatate de coaja

2 linguri de ketchup

2 lingurite supa vegetariana granule

1 cană de apă

1 cana crema de ceapa

2 kg conserve de fasole pinto

1 lime, feliată

Instrucțiuni

Încinge ulei de măsline la foc mediu. Odată fierbinte, căliți ceapa, varza, morcovul și cartofii dulci timp de aproximativ 4 minute.

Se călesc usturoiul și ardeiul jalapeno timp de aproximativ 1 minut.

Adăugați condimentele, roșiile, ketchup-ul, cuburi vegetariene de bulion, apă, ceapa, smântână și fasole conservată. Coaceți aproximativ 30 de minute sau până când este fiert, amestecând din când în când.

Ornează-le cu felii de lime. Bucura-te de masa ta!

Salată de năut cu ochi negri

(Se prepară în aproximativ 1 oră | 5 porții)

Per porție: Calorii: 325; Denumiri: 8,6 g; Carbohidrați: 48,2 g; Proteine: 17,2 g

INGREDIENTE

1 ½ cană de năut cu ochi negri, înmuiat peste noapte și scurs

4 tulpini mici, feliate

1 morcov, tăiat fâșii julienne

1 cană de varză verde, rasă

2 ardei gras, fara semințe și tăiați

2 roșii medii, tăiate cubulețe

1 lingura rosii uscate la soare, tocate

1 lingurita de usturoi, tocat

1/2 cană maioneză vegană

1 lingura suc de lamaie

1/4 cana otet de vin alb

Sare de mare și piper negru măcinat

Instrucțiuni

Acoperiți năutul cu 2 inci de apă și aduceți la fierbere ușor. Se fierbe aproximativ 15 minute.

Apoi fierbeți focul timp de 45 de minute. Se lasa sa se raceasca complet.

Puneți mazărea cu ochi negri într-un castron de salată. Adăugați celelalte ingrediente și amestecați bine. Bucura-te de masa ta!

Avocado umplut cu năut

(Gata în aproximativ 10 minute | 4 porții)

Per porție: Calorii: 205; : Ag: 15,2 g; Carbohidrați: 16,8 g; Proteine: 4,1 g

INGREDIENTE

2 avocado, fără sâmburi și tăiate cubulețe

1/2 lămâie, proaspăt stors

4 linguri, tocate mărunt

1 cățel de usturoi, tocat

1 roșie medie, tocată

1 ardei gras, fără sămânță și tăiat

1 ardei iute roșu, fără semințe și tocat

2 uncii de năut, fiert sau tare, uscat

Sare si piper negru macinat dupa gust

Instrucțiuni

Puneți avocado pe un platou de servire. Stropiți cu suc de lămâie peste fiecare avocado.

Într-un castron, amestecați ușor ingredientele de umplutură rămase până se combină bine.

Umpleți avocado cu amestecul pregătit și serviți imediat. Bucura-te de masa ta!

supa de fasole neagra

(Gata în aproximativ 1 oră și 50 de minute | 4 porții)

Per porție: Calorii: 505; : Ag: 11,6 gr; Carbohidrați: 80,3 g; Proteine: 23,2 gr

INGREDIENTE

2 cani de fasole neagra, inmuiata peste noapte si uscata

1 cimbru

2 linguri ulei de cocos

2 cepe, tocate

1 baton de telina, tocata

1 morcov, decojit și tocat

1 ardei italian, fără semințe și tocat

1 ardei iute, fără semințe și tocat

4 catei de usturoi, presati sau tocati

Sare de mare și piper negru proaspăt măcinat

1/2 lingurita de chimen macinat

1/4 lingurita frunze de dafin macinate

1/4 linguriță de pământ

1/2 lingurita busuioc uscat

4 cesti supa de legume

1/4 cana coriandru proaspat, tocat

2 uncii chipsuri tortilla

Instrucțiuni

Fierbeți fasolea și 6 căni de apă într-o oală. După ce este gata, fierbeți lemnele. Adăugați aluatul de prăjitură și coaceți aproximativ 1 oră și 30 de minute, sau până când se înmoaie.

Între timp, într-o cratiță cu fundul greu, încălziți uleiul la foc mediu-mare. Acum căliți ceapa, varza, țelina și ardeiul timp de aproximativ 4 minute până se înmoaie.

Apoi căliți usturoiul timp de aproximativ 1 minut sau până când este parfumat.

Adăugați amestecul tocat la fasolea fiartă. Apoi adăugați sare, piper negru, chimen, dafin, amestec măcinat, busuioc uscat și bulion de legume.

Continuați să gătiți, amestecând din când în când, încă 15 minute sau până când totul este fiert.

Ornați cu coriandru proaspăt și chipsuri tortilla. Bucura-te de masa ta!

Salată de porumb Beluga cu ierburi

(Gata în aproximativ 20 de minute + timp de răcire rapid | 4 porții)

Per porție: Calorii: 364; Denumiri: 17 gr; Carbohidrați: 40,2 g; Proteine: 13,3 g

INGREDIENTE

1 cană de porumb roşu

3 căni de apă

1 cană roşii struguri, tăiate la jumătate

1 ardei verde, fara samburi si tocat

1 ardei gras rosu, fara samburi si tocat

1 ardei rosu, fara samburi si tocat

1 castravete, feliat

4 linguri, tocate mărunt

2 linguri patrunjel proaspat, tocat grosier

2 linguri coriandru proaspat, tocat grosier

2 linguri de arpagic proaspat, tocat marunt

2 linguri busuioc proaspăt, tocat grosier

1/4 cană ulei de măsline

1/2 linguriță de semințe de chimen

1/2 lingurita de ghimbir, tocat

1/2 lingurita de usturoi, tocat

1 lingurita sirop de agave

2 linguri suc proaspăt de lămâie

1 lingurita coaja de lamaie

Sare de mare și piper negru măcinat

2 uncii măsline negre, fără sâmburi și tăiate la jumătate

Instrucțiuni

Adăugați porumb maro și apă într-o oală și aduceți la fierbere la foc mare. Apoi aduceți la fierbere și fierbeți timp de 20 de minute sau până când se înmoaie.

Pune salata într-un bol.

Adăugați legume și ierburi pentru a se combina bine. Într-un castron amestecați uleiul, semințele de chimen, ghimbirul, usturoiul, siropul de agave, sucul de lămâie, coaja de lămâie, sare și piper negru.

Se imbraca salata, se orneaza cu masline si se serveste la temperatura camerei. Bucura-te de masa ta!

Salată de fasole italiană

(Pregătiți aproximativ 1 oră + timp de răcire | 4 porții)

Per porție: Calorii: 495; : Ag: 21,1 gr; Carbohidrați: 58,4 g; Proteine: 22,1 gr

INGREDIENTE

3/4 de kilogram de fasole cannellini, înmuiată peste noapte și scursă

2 cani de conopida

1 ceapă roșie, feliată subțire

1 lingurita de usturoi, tocat

1/2 lingurita de ghimbir, tocat

1 ardei jalapeno, tocat

1 cană roșii cherry tăiate cubulețe

1/3 cană ulei de măsline extravirgin

1 lingura suc de lamaie

1 lingurita mustar de Dijon

1/4 cana otet alb

2 catei de usturoi, macinati

1 linguriță amestec italian de ierburi

Sare kosher și piper negru măcinat, după gust

2 uncii de măsline verzi, fără sâmburi și tăiate felii

Instrucțiuni

Acoperiți fasolea scursă cu un schimb proaspăt de apă rece și aduceți la fierbere. Se fierbe aproximativ 10 minute. Aduceți la fierbere și continuați să fiarbă timp de 60 de minute sau până când se înmoaie.

Între timp, fierbeți conopida aproximativ 6 minute sau până se înmoaie.

Lăsați fasolea și varza să se răcească complet; apoi transferați într-un bol de salată.

Adăugați celelalte ingrediente și amestecați bine. Gustați și ajustați.

Bucura-te de masa ta!

Roșii umplute cu fasole albă

(Gata în aproximativ 10 minute | 3 porții)

Per porție: Calorii: 245; : Ag: 14,9 g; Carbohidrați: 24,4 g; Proteine: 5,1 g

INGREDIENTE

3 roșii medii, tăiați blatul subțire și îndepărtați pulpa

1 morcov, ras

1 ceapa rosie, tocata

1 catel de usturoi, curatat de coaja

1/2 lingurita busuioc uscat

1/2 lingurita oregano uscat

1 lingurita rozmarin uscat

3 linguri ulei de masline

3 uncii de fasole albă conservată

3 uncii boabe de porumb dulce, decongelate

1/2 cană chipsuri tortilla, tocate

Instrucțiuni

Aranjați roșiile pe o farfurie.

Într-un bol, amestecați celelalte ingrediente pentru umplutură până când totul este omogen.

Umpleți avocado și serviți imediat. Bucura-te de masa ta!

Supă de iarnă cu mazăre cu ochi negri

(Gata în aproximativ 1 oră 5 minute | 5 porții)

Per porție: Calorii: 147; Denumiri: 6 gr; Carbohidrați: 13,5 g; Proteine: 7,5 g

INGREDIENTE

2 linguri ulei de masline

1 ceapa, tocata

1 morcov, tăiat

1 pastarnac, tocat

1 cană lampă fixată, fixă

2 catei de usturoi, tocati

2 căni de năut uscat la înmuiat peste noapte

5 căni de supă de legume

Sare kosher și piper negru proaspăt măcinat, după gust

Instrucțiuni

Încinge uleiul de măsline într-un cuptor olandez la foc mediu-mare. Odată fierbinte, căliți ceapa, țelina, păstârnacul și șalota timp de 3 minute sau până se înmoaie.

Adăugați usturoiul și prăjiți timp de 30 de secunde sau până când este parfumat.

Adăugați năutul, supa de legume, sare și piper negru. Continuați să gătiți, parțial acoperit, încă 1 oră sau până când este fiert.

Bucura-te de masa ta!

pastă de fasole roşie

(Gata în aproximativ 15 minute | 4 porţii)

Per porţie: Calorii: 318; Denumiri: 15,1 gr; Carbohidraţi: 36,5 g; Proteine: 10,9 g

INGREDIENTE

12 uncii de fasole roşie conservată sau gătită

1/3 cană fulgi de ovăz de modă veche

1/4 cană făină universală

1 lingurita praf de copt

1 ceapa mica, tocata

2 catei de usturoi, tocati

Sare de mare şi piper negru măcinat

1 lingurita boia

1/2 lingurita pudra de chili

1/2 lingurita frunze de dafin macinate

1/2 lingurita de chimen macinat

1 ou de chia

4 linguri ulei de masline

Instrucțiuni

Pune fasolea verde pe o farfurie si paseaza-l cu o furculita.

Amestecați bine fasolea, ovăzul, făina, praful de copt, usturoiul, sarea, piperul negru, boia de ardei, pudra de chili, frunza de dafin, chimenul și semințele de chia.

Formați amestecul în patru pâini.

Apoi incinge uleiul de masline intr-o tigaie la foc mediu. Prăjiți găluștele timp de aproximativ 8 minute, întorcându-le o dată sau de două ori.

Serviți cu toppingurile preferate. Bucura-te de masa ta!

burgeri de năut de casă

(Gata în aproximativ 15 minute | 4 porții)

Per porție: Calorii: 467; : Ag: 19,1 gr; Glucide: 58,5 g; Proteine: 15,8 g

INGREDIENTE

1 f. naut, congelat si dezghetat

1/2 cană făină de năut

1/2 cană făină simplă

1/2 cană pesmet

1 lingurita praf de copt

2 ouă de in

1 lingurita boia

1/2 lingurita busuioc uscat

1/2 lingurita oregano uscat

Sare de mare și piper negru măcinat

4 linguri ulei de masline

4 chifle de hamburger

Instrucțiuni

Într-un castron, amestecați cu grijă năutul, făina, pesmetul, praful de copt, oul de in, boia de ardei, busuioc, oregano, sare și piper negru.

Formați amestecul în patru pâini.

Apoi incinge uleiul de masline intr-o tigaie la foc mediu. Prăjiți găluștele timp de aproximativ 8 minute, întorcându-le o dată sau de două ori.

Serviți pe chifle burger și bucurați-vă!

Tocană de spanac cu fasole neagră

(Gata în aproximativ 1 oră 35 minute | 4 porții)

Per porție: Calorii: 459; : Ag: 9,1 g; Carbohidrați: 72g; Proteine: 25,4 g

INGREDIENTE

2 cani de fasole neagra, inmuiata peste noapte si uscata

2 linguri ulei de masline

1 ceapă, decojită, tăiată la jumătate

1 ardei jalapeno, feliat

2 ardei grasi, fara samburi si feliati

1 cană ciuperci buton, feliate

2 catei de usturoi, tocati

2 cesti supa de legume

1 lingurita boia

Sare si piper negru macinat dupa gust

1 frunza de nap

2 cani de spanac, tocat

Instrucțiuni

Acoperiți fasolea scursă cu un schimb proaspăt de apă rece și aduceți la fierbere. Se fierbe aproximativ 10 minute. Aduceți la fiert și continuați să gătiți timp de 50-55 de minute sau până când se înmoaie.

Încinge ulei de măsline la foc mediu. Odată fierbinte, prăjiți ceapa și ardeii aproximativ 3 minute.

Se calesc usturoiul si ciupercile aproximativ 3 minute, sau pana cand ciupercile si-au eliberat lichidul si usturoiul este parfumat.

Adăugați bulionul de legume, boia de ardei, sare, piper negru, dafin și fasole fiartă. Coaceți aproximativ 25 de minute sau până când este fiert, amestecând din când în când.

Apoi adăugați spanacul și acoperiți timp de aproximativ 5 minute. Bucura-te de masa ta!

Bile energetice de muștar

(Gata în aproximativ 10 minute + timp de răcire rapid | 8 porții)

Per porție: Calorii: 495; : Ag: 21,1 gr; Carbohidrați: 58,4 g; Proteine: 22,1 gr

INGREDIENTE

1 morcov mare, ras

1 1/2 cană de fulgi de ovăz de modă veche

1 cană stafide

1 cană curmale, miere

1 cană lapte de cocos

1/4 linguriță pătlagină măcinată

1/2 lingurita de scortisoara macinata

Instrucțiuni

Amestecați toate ingredientele într-un robot de bucătărie până când sunt omogene și sfărâmicioase.

Rulați aluatul în bile egale.

Se da la frigider pana la servire. Bucura-te de masa ta!

Cioda de cartofi dulci umflați

(Gata în aproximativ 25 de minute + timp de răcire rapid | 4 porții)

Per porție: Calorii: 215; Denumiri: 4,5 g; Carbohidrați: 35 g; Proteine: 8,7 g

INGREDIENTE

4 cartofi dulci, curatati si rasi

2 ouă de chia

1/4 cană drojdie nutritivă

2 linguri tahini

2 linguri faina de naut

1 lingurita de pudra fina

1 lingurita de praf de usturoi

1 lingurita boia

Sare de mare și piper negru măcinat

Instrucțiuni

Preîncălziți cuptorul la 395 de grade. Tapetați o foaie de copt cu hârtie de copt sau un covoraș Silpat.

Se amestecă bine toate ingredientele până când totul este bine combinat.

Rulați aluatul în bile și dați la frigider pentru aproximativ 1 oră.

Coaceți aceste bile timp de aproximativ 25 de minute și rotiți-le la jumătatea gătitului. Bucura-te de masa ta!

Varză picant și condimentat

(Gata în aproximativ 30 de minute | 6 porții)

Per porție: Calorii: 165; Denumiri: 10,1 g; Carbohidrați: 16,5 g; Proteine: 1,4 g

INGREDIENTE

2 kilograme de morcovi pui

1/4 cană ulei de măsline

1/4 cana otet de mere

1/2 lingurita pudra de chili

Sare de mare și piper negru proaspăt măcinat

1 lingura sirop de agave

2 linguri sos de soia

1 lingura coriandru proaspat, tocat

Instrucțiuni

Preîncălziți cuptorul la 395 de grade.

Se condimenteaza apoi curry-ul cu ulei de masline, otet, ardei iute, sare, piper negru, sirop de agave si sos de soia.

Prăjiți varza pentru aproximativ 30 de minute, întorcând tigaia o dată sau de două ori. Se ornează cu coriandru proaspăt și se servește. Bucura-te de masa ta!

Chips de varză la cuptor

(Gata în aproximativ 20 de minute | 8 porții)

Per porție: Calorii: 65; Denumiri: 3,9 g; Carbohidrați: 5,3 g; Proteine: 2,4 g

INGREDIENTE

2 buchete de varză, frunzele îndepărtate

2 linguri ulei de masline

1/2 lingura de seminte de mustar

1/2 linguriță de semințe de țelină

1/2 lingurita oregano uscat

1/4 lingurita chimen macinat

1 lingurita de praf de usturoi

Sare de mare și piper negru măcinat după gust

Instrucțiuni

Preîncălziți cuptorul la 340 de grade. Tapetați o foaie de copt cu hârtie de copt sau Silpat mar.

Se amestecă frunzele de varză cu celelalte ingrediente până se îmbracă bine.

Coaceți în cuptorul preîncălzit pentru aproximativ 13 minute, întorcând tava o dată sau de două ori. Bucura-te de masa ta!

Brânza Kashob

(Gata în aproximativ 10 minute | 8 porții)

Per porție: Calorii: 115; Denumiri: 8,6 g; Carbohidrați: 6,6 g; Proteine: 4,4 g

INGREDIENTE

1 cană cacao crudă

1 lămâie, proaspăt storsă

2 linguri tahini

2 lingurite drojdie nutritiva

1/2 lingurita pudra de turmeric

1/2 lingurita fulgi de ardei rosu, tocati

Sare de mare și piper negru măcinat

Instrucțiuni

Pune toate ingredientele în bolul unui mixer cu stand. Amestecă până obții un amestec omogen, cremos și omogen. Dacă este necesar, puteți adăuga puțină apă pentru a o dilua.

Se toarnă sosul într-un bol; serviți cu bețișoare de legume, chipsuri sau biscuiți.

Bucura-te de masa ta!

Apa picanta cu hummus

(Gata în aproximativ 10 minute | 10 porții)

Per porție: Calorii: 155; Denumiri: 7,9 g; Carbohidrați: 17,4 g; Proteine: 5,9 g

INGREDIENTE

20 uncii de năut la conserva sau fiert, scurs

1/4 cană tahini

2 catei de usturoi, tocati

2 linguri suc de lamaie, proaspat stors

1/2 cană lichid de năut

2 ardei roșii prăjiți, fără semințe și feliați

1/2 lingurita boia

1 lingurita busuioc uscat

Sare de mare și piper negru măcinat

2 linguri ulei de masline

Instrucțiuni

Amestecă toate ingredientele, cu excepția uleiului, într-un blender sau robot de bucătărie până la consistența dorită.

Se da la frigider pana la servire.

Serviți cu felii de pita prăjite sau chipsuri, dacă doriți. Bucura-te de masa ta!

Mutabal tradițional libanez

(Gata în aproximativ 10 minute | 6 porții)

Per porție: Calorii: 115; Denumiri: 7,8 g; Carbohidrați: 9,8 g; Proteine: 2,9 g

INGREDIENTE

1 kilogram de vinete

1 ceapa, tocata

1 lingura de pasta de usturoi

4 linguri tahini

1 lingura ulei de cocos

2 linguri suc de lamaie

1/2 lingurita coriandru macinat

1/4 cană pătlagină măcinată

1 lingurita pudra de chili

1 lingurita piper macinat

Sare de mare și piper negru măcinat

Instrucțiuni

Prăjiți vinetele până când pielea devine neagră; curățați vinetele și transferați-le în bolul robotului de bucătărie.

Adăugați alte ingrediente. Se amestecă până când totul este bine combinat.

Serviți cu pâine sau pita, dacă doriți. Bucura-te de masa ta!

Naut prajit in stil indian

(Gata în aproximativ 10 minute | 8 porții)

Per porție: Calorii: 223; Denumiri: 6,4 g; Carbohidrați: 32,2 g; Proteine: 10,4 g

INGREDIENTE

2 căni de năut la conserva, scurs

2 linguri ulei de masline

1/2 lingurita praf de usturoi

1/2 lingurita boia

1 lingurita praf de curry

1 lingurita garam masala

Sare de mare și piper roșu

Instrucțiuni

Uscați năutul cu prosoape de hârtie. Un strop de ulei de măsline pe năut.

Prăjiți năutul la cuptorul preîncălzit la 200 de grade pentru aproximativ 25 de minute, întorcându-l o dată sau de două ori.

Condimentează-ți năutul cu condimente și bucură-te!

Avocado cu sos tahini

(Gata în aproximativ 10 minute | 4 porții)

Per porție: Calorii: 304; : Ag: 25,7 gr; Carbohidrați: 17,6 g; Proteine: 6 g

INGREDIENTE

2 avocado mari, fără sâmburi și tăiate la jumătate

4 linguri tahini

4 linguri sos de soia

1 lingura suc de lamaie

1/2 lingurita pudra de chili

Sare de mare și piper negru măcinat

1 lingurita de praf de usturoi

Instrucțiuni

Aranjați jumătățile de avocado pe un platou de servire.

Combinați tahini, sosul de soia, sucul de lămâie, ardeiul iute, sarea, piperul negru și pudra de usturoi într-un castron mic. Împărțiți salsa între jumătățile de avocado.

Bucura-te de masa ta!

Cartofi dulci

(Gata în aproximativ 25 de minute + timp de răcire rapid | 4 porții)

Per porție: Calorii: 232; Denumiri: 7,1 g; Carbohidrați: 37g; Proteine: 8,4 g

INGREDIENTE

1 kilogram jumate de cartofi dulci, rasi

2 ouă de chia

1/2 cană făină simplă

1/2 cană pesmet

3 linguri hummus

Sare de mare și piper negru

1 lingura ulei de masline

1/2 cană salsa

Instrucțiuni

Preîncălziți cuptorul la 395 de grade. Tapetați o foaie de copt cu hârtie de copt sau un covoraș Silpat.

Se amestecă toate ingredientele, cu excepția sosului, până se omogenizează bine.

Rulați aluatul în bile și dați la frigider pentru aproximativ 1 oră.

Coaceți aceste bile timp de aproximativ 25 de minute și rotiți-le la jumătatea gătitului. Bucura-te de masa ta!

Salsa de rosii si ardei prajit

(Gata în aproximativ 35 de minute | 10 porții)

Per porție: Calorii: 90; Denumiri: 5,7 g; Carbohidrați: 8,5 g; Proteine: 1,9 g

INGREDIENTE

4 ardei rosii

4 roșii

4 linguri ulei de masline

1 ceapa rosie, tocata

4 catei de usturoi

4 uncii de năut la conserva, scurs

Sare de mare și piper negru măcinat

Instrucțiuni

Preîncălziți cuptorul la 400 de grade.

Asezati ceapa si rosiile pe o tava tapetata cu hartie de copt. Coaceți aproximativ 30 de minute; decojiți ardeii și puneți-i într-un robot de bucătărie împreună cu roșiile prăjite.

Între timp, încălziți 2 linguri de ulei de măsline într-o tigaie la foc mediu-mare. Se caleste ceapa si usturoiul aproximativ 5 minute sau pana se inmoaie.

Adăugați legume murate într-un robot de bucătărie. Adăugați năut, sare, piper și uleiul de măsline rămas; procesati pana obtineti o crema buna.

Bucura-te de masa ta!

Un mix clasic de petrecere

(Gata în aproximativ 1 oră 5 minute | 15 porții)

Per porție: Calorii: 290; Denumiri: 12,2 g; Carbohidrați: 39 g; Proteine: 7,5 g

INGREDIENTE

5 căni de cereale vegetariene

3 cani de mini covrigei vegetarieni

1 cană migdale, prăjite

1/2 cană pepitas, prăjite

1 lingurita drojdie nutritiva

1 lingura otet balsamic

1 lingura sos de soia

1 lingurita de praf de usturoi

1/3 cană ulei vegetal

Instrucțiuni

Preîncălziți cuptorul la 250 de grade. Tapetați o foaie mare de copt cu hârtie de copt sau un covoraș Silpat.

Amestecați porumbul, usturoiul, migdalele și pepita într-un castron.

Într-o cratiță mică, topim celelalte ingrediente la foc mediu. Turnați sosul peste amestecul de cereale/nuci.

Coaceți, amestecând la fiecare 15 minute, până când devine maro auriu și parfumat, aproximativ 1 oră. Transferați pe un grătar pentru a se răci complet. Bucura-te de masa ta!

Crostini cu ulei de măsline

(Gata în aproximativ 10 minute | 4 porții)

Per porție: Calorii: 289; Denumiri: 8,2 g; Carbohidrați: 44,9 g; Proteine: 9,5 g

INGREDIENTE

1 bagheta intreaga, feliata

4 linguri ulei de masline extravirgin

1/2 lingurita sare de mare

3 catei de usturoi, taiati la jumatate

Instrucțiuni

Preîncălziți grătarul.

Ungeți fiecare felie de pâine cu ulei de măsline și stropiți cu sare de mare. Puneți sub broilerul preîncălzit timp de aproximativ 2 minute sau până când se prăjește ușor.

Frecati fiecare felie de paine cu usturoi si serviti. Bucura-te de masa ta!

Galuste vegetariene clasice

(Gata în aproximativ 15 minute | 4 porții)

Per porție: Calorii: 159; : Ag: 9,2 g; Carbohidrați: 16,3 g; Proteine: 2,9 g

INGREDIENTE

1 cană de orez brun, fiert și răcit

1 cană fasole roșie conservată sau gătită

1 lingurita usturoi proaspat, tocat

1 ceapa mica, tocata

Sare de mare și piper negru măcinat

1/2 lingurita piper cayenne

1/2 lingurita boia macinata

1/2 lingurita de seminte de coriandru

1/2 lingura de seminte de mustar

2 linguri ulei de masline

Instrucțiuni

Într-un bol, amestecați bine toate ingredientele cu excepția uleiului de măsline. Se amestecă bine pentru a se combina, apoi se rulează în bile uniforme cu mâinile unse cu ulei.

În continuare, încălziți uleiul de măsline într-o tigaie antiaderentă la foc mediu. Odată fierbinți, prăjiți găluștele pentru aproximativ 10 minute.

Serviți cu bețișoare de cocktail și bucurați-vă!

Păstârnac prăjit cu balsamic

(Gata în aproximativ 30 de minute | 6 porții)

Per porție: Calorii: 174; : Ag: 9,3 g; Carbohidrați: 22,2 g; Proteine: 1,4 g

INGREDIENTE

1 1/2 kg păstârnac, tăiat în bețișoare

1/4 cană ulei de măsline

1/4 cana otet balsamic

1 lingurita mustar de Dijon

1 lingurita de seminte de fenicul

Sare de mare și piper negru măcinat

1 lingurita amestec de condimente mediteraneene

Instrucțiuni

Combinați toate ingredientele într-un castron până când păstârnacul este bine acoperit.

Prăjiți păstârnacul în cuptorul preîncălzit la 200 de grade pentru aproximativ 30 de minute, amestecând la jumătatea gătitului.

Serviți la temperatura camerei și bucurați-vă!

Baba Ganoush tradițional

(Gata în aproximativ 25 de minute | 8 porții)

Per porție: Calorii: 104; Denumiri: 8,2 g; Carbohidrați: 5,3 g; Proteine: 1,6 g

INGREDIENTE

1 kilogram de vinete, tăiate în inele

1 lingurita sare de mare grunjoasa

3 linguri ulei de masline

3 linguri suc proaspăt de lămâie

2 catei de usturoi, tocati

3 linguri tahini

1/4 linguriță pătlagină măcinată

1/2 lingurita de chimen macinat

2 linguri patrunjel proaspat, tocat grosier

Instrucțiuni

Frecați sarea de mare peste rondelele de vinete. Apoi puneți-le în strecurătoare și lăsați-le să se odihnească aproximativ 15 minute; Se usucă cu hârtie de bucătărie, se clătește și se usucă.

Prăjiți vinetele pană când pielea devine neagră; curățați vinetele și transferați-le în bolul robotului de bucătărie.

Adăugați ulei de măsline, suc de lămâie, usturoi, tahini, cuișoare și chimen. Se amestecă până când totul este bine combinat.

Decorați cu pătrunjel proaspăt și bucurati-vă!

Curmal cu unt de arahide

(Gata în aproximativ 5 minute | 2 porții)

Per porție: Calorii: 143; Denumiri: 3,9 g; Carbohidrați: 26,3 g; Proteine: 2,6 g

INGREDIENTE

8 curmale proaspete, fără miez și tăiate la jumătate

8 lingurite ulei de arahide

1/4 lingurita de scortisoara macinata

Instrucțiuni

Tăiați untul de arahide în jumătate din curmale.

Stropiți cu scorțișoară și serviți imediat. Bucura-te de masa ta!

Trandafir negru copt

(Gata în aproximativ 30 de minute | 7 porții)

Per porție: Calorii: 142; Greutate: 12,5 g; Carbohidrați: 6,3 g; Proteine: 2,9 g

INGREDIENTE

1 f. conopidă

1/4 cană ulei de măsline

4 linguri tahini

1/2 lingurita boia

Sare de mare și piper negru măcinat

2 linguri suc proaspăt de lămâie

2 catei de usturoi, tocati

Instrucțiuni

Preîncălziți cuptorul la 420 de grade. Stropiți buchețelele de conopidă cu ulei de măsline și puneți-le pe o tavă de copt tapetată cu pergament.

Coaceți aproximativ 25 de minute sau până când se înmoaie.

Apoi aruncați varza cu celelalte ingrediente, adăugând lichidul de gătit după cum este necesar.

Stropiți cu puțin ulei de măsline dacă doriți. Bucura-te de masa ta!

Rulouri ușoare de dovlecel

(Gata în aproximativ 10 minute | 5 porții)

Per porție: Calorii: 99; Denumiri: 4,4 g; Carbohidrați: 12,1 g; Proteine: 3,1 g

INGREDIENTE

1 cană de hummus, de preferat de casă

1 roșie medie, tocată

1 lingurita mustar

1/4 lingurita oregano

1/2 lingurita piper cayenne

Sare de mare și piper negru măcinat

1 afin mare, tăiată fâșii

2 linguri busuioc proaspăt, tocat

2 linguri patrunjel proaspat, tocat

Instrucțiuni

Într-un castron, combina humusul, roșiile, muștarul, oregano, cayenne, sare și piper negru.

Împărțiți umplutura între benzile albastre și întindeți uniform. Se ruleaza si se orneaza cu busuioc proaspat si patrunjel.

Bucura-te de masa ta!

Cartofi prăjiți dulci Chipotle

(Gata în 45 de minute | 4 porții)

Per porție: Calorii: 186; Denumiri: 7,1 g; Carbohidrați: 29,6 g; Proteine: 2,5 g

INGREDIENTE

4 cartofi dulci medii, curatati de coaja si taiati felii

2 linguri de ulei de arahide

Sare de mare și piper negru măcinat

1 lingurita pudra de chili

1/4 linguriță de pământ

1 lingurita zahar brun

1 lingurita rozmarin uscat

Instrucțiuni

Condimentează cartofii copți cu celelalte ingrediente.

Coaceți la 375 de grade F timp de aproximativ 45 de minute sau până când se rumenesc; se prăjește o dată sau de două ori.

Serviți cu sosul preferat dacă doriți. Bucura-te de masa ta!

Sos de fasole Cannellini

(Gata în aproximativ 10 minute | 6 porții)

Per porție: Calorii: 123; Denumiri: 4,5 g; Carbohidrați: 15,6 g; Proteine: 5,6 g

INGREDIENTE

10 uncii conserve de fasole cannellini, apă

1 cățel de usturoi, tocat

2 ardei copți, tăiați în felii

Un nou loc de încercat este ardeiul de mare neagră

1/2 lingurita de chimen macinat

1/2 lingura de seminte de mustar

1/2 lingurita frunze de dafin macinate

3 linguri tahini

2 linguri patrunjel italian proaspat, tocat

Instrucțiuni

Pune toate ingredientele, cu excepția pătrunjelului, în vasul unui blender sau al robotului de bucătărie. Se amestecă până se combină bine.

Transferați sosul pe o farfurie și decorați cu pătrunjel proaspăt.

Serviți cu felii de pita, chipsuri tortilla sau bețișoare de legume, dacă doriți. A fi fericit!

Varză prăjită lungă

(Gata în aproximativ 25 de minute | 6 porții)

Per porție: Calorii: 115; : Ag: 9,3 g; Carbohidrați: 6,9 g; Proteine: 5,6 g

INGREDIENTE

1 kg și jumătate de petale de trandafir

1/4 cană ulei de măsline

4 linguri otet de mere

2 catei de usturoi, macinati

1 lingurita busuioc uscat

1 lingurita oregano uscat

Sare de mare și piper negru măcinat

Instrucțiuni

Preîncălziți cuptorul la 420 de grade.

Condimentează conopida cu alte ingrediente.

Aranjați buchețelele de conopidă pe o tavă de copt tapetată cu pergament. Coaceți conopida în cuptorul preîncălzit pentru aproximativ 25 de minute sau până se carbonizează ușor.

Bucura-te de masa ta!

Toum libanez uşor

(Gata în aproximativ 10 minute | 6 porții)

Per porție: Calorii: 252; : Ag: 27 gr; Carbohidrați: 3,1 g; Proteine: 0,4 gr

INGREDIENTE

2 capete de usturoi

1 lingurita sare de mare grunjoasa

1 1/2 cană ulei de măsline

1 lămâie, proaspăt storsă

2 căni de morcovi, tăiați în bețișoare

Instrucțiuni

Cățeii de usturoi și sarea se fac piure într-un robot de bucătărie al unui blender, răzuind părțile laterale ale cremei, la viteză mare, până devine cremoasă și netedă.

Adăugați treptat uleiul de măsline și sucul de lămâie, alternând cele două ingrediente pentru a crea un sos.

Se amestecă până se îngroașă sosul. Serviți cu bețișoare de morcov și bucurați-vă!

Avocado cu sos de ghimbir picant

(Gata în aproximativ 10 minute | 4 porții)

Per porție: Calorii: 295; : Ag: 28,2 gr; Carbohidrați: 11,3 g; Proteine: 2,3 g

INGREDIENTE

2 avocado, fără sâmburi și tăiate cubulețe

1 cățel de usturoi, zdrobit

1 lingurita de ghimbir proaspat, curatat si tocat

2 linguri de otet balsamic

4 linguri ulei de masline extravirgin

Sare si piper negru macinat dupa gust

Instrucțiuni

Aranjați jumătățile de avocado pe un platou de servire.

Combinați usturoiul, ghimbirul, oțetul, uleiul de măsline, sare și piper negru într-un castron mic. Împărțiți salsa între jumătățile de avocado.

Bucura-te de masa ta!

Gata de mâncat cu năut

(Gata în aproximativ 30 de minute | 8 porții)

Per porție: Calorii: 109; Denumiri: 7,9 g; Carbohidrați: 7,4 g; Proteine: 3,4 g

INGREDIENTE

1 cană de năut prăjit, scurs

2 linguri ulei de cocos, topit

1/4 cană semințe de dovleac crude

1/4 cană nuci pecan crude

1/3 cană cireșe uscate

Instrucțiuni

Uscați năutul cu prosoape de hârtie. Se amestecă năut cu ulei de cocos.

Prăjiți năutul la cuptorul preîncălzit la 180 de grade pentru aproximativ 20 de minute, întorcându-l o dată sau de două ori.

Aruncați năutul cu semințele de dovleac și jumătățile de nuci pecan. Continuați coacerea până când pâinea este parfumată, aproximativ 8 minute; se lasa sa se raceasca complet.

Adăugați cireșele uscate și amestecați pentru a se combina. Bucura-te de masa ta!

Muhammara Dip

(Gata în aproximativ 35 de minute | 9 porții)

Per porție: Calorii: 149; Denumiri: 11,5 g; Carbohidrați: 8,9 g; Proteine: 2,4 g

INGREDIENTE

3 ardei rosii

5 linguri ulei de masline

2 catei de usturoi, tocati

1 rosie, tocata

3/4 cană pesmet

2 linguri de amidon

1 lingurita chimen macinat

1/4 semințe de floarea soarelui, prăjite

1 ardei Maras, tocat

2 linguri tahini

Sare de mare şi piper roşu

Instrucţiuni

Preîncălziţi cuptorul la 400 de grade.

Aranjaţi colţurile pe o tavă tapetată cu hârtie de copt. Coaceţi aproximativ 30 de minute; se curata ardeii si se transfera intr-un robot de bucatarie.

Între timp, încălziţi 2 linguri de ulei de măsline într-o tigaie la foc mediu-mare. Se calesc usturoiul si rosiile aproximativ 5 minute sau pana se inmoaie.

Adăugaţi legume murate într-un robot de bucătărie. Adăugaţi celelalte ingrediente şi procesaţi până obţineţi o cremă netedă.

Bucura-te de masa ta!

Crostini cu spanac, năut și usturoi

(Gata în aproximativ 10 minute | 6 porții)

Per porție: Calorii: 242; : Ag: 6,1 g; Carbohidrați: 38,5 g; Proteine: 8,9 g

INGREDIENTE

1 bagheta, taiata in felii

4 linguri ulei de masline extravirgin

Sare de mare si piper rosu, dupa gust

3 catei de usturoi, tocati

1 cană de năut fiert, scurs

2 căni de spanac

1 lingura suc proaspat de lamaie

Instrucțiuni

Preîncălziți grătarul.

Ungeți feliile de pâine cu 2 linguri de ulei de măsline și stropiți cu sare de mare și o linguriță de ardei roșu. Puneți sub broilerul preîncălzit timp de aproximativ 2 minute sau până când se prăjește ușor.

Într-un castron, amestecați cu grijă usturoiul, năutul, spanacul, sucul de lămâie și restul de 2 linguri de ulei de măsline.

Se toarnă amestecul de năut peste fiecare pâine prăjită. Bucura-te de masa ta!

Chiftele cu ciuperci și fasole Cannellini

(Gata în aproximativ 15 minute | 4 porții)

Per porție: Calorii: 195; Denumiri: 14,1 g; Carbohidrați: 13,2 g; Proteine: 3,9 g

INGREDIENTE

4 linguri ulei de masline

1 cană ciuperci buton, tocate

1 mic, tuns

2 catei de usturoi, tocati

1 cană fasole cannellini conservată sau gătită, apă

1 cană quinoa, fiartă

Sare de mare și piper negru măcinat

1 lingurita boia macinata

1/2 lingurita pudra de chili

1 linguriță de semințe de muștar

1/2 lingurita de chimion uscat

Instrucțiuni

Încinge 2 linguri de ulei de măsline într-o tigaie antiaderentă. Odată fierbinte, gătiți ciupercile și eșalota timp de 3 minute sau până se înmoaie.

Adăugați usturoiul, fasolea, quinoa și condimentele. Se amestecă bine pentru a se combina, apoi se rulează în bile uniforme cu mâinile unse cu ulei.

Apoi încălziți restul de 2 linguri de ulei de măsline într-o tigaie antiaderentă la foc mediu. Odată fierbinți, prăjiți găluștele pentru aproximativ 10 minute.

Serviți cu bețișoare de cocktail. Bucura-te de masa ta!

Rulouri de castraveți cu hummus

(Gata în aproximativ 10 minute | 6 porții)

Per porție: Calorii: 88; Denumiri: 3,6 g; Carbohidrați: 11,3 g; Proteine: 2,6 g

INGREDIENTE

1 cană de hummus, de preferat de casă

2 roșii mari, tăiate cubulețe

1/2 lingurita pudra de chili

Sare de mare și piper negru măcinat

2 castraveți englezești, tăiați în inele

Instrucțiuni

Împărțiți sucul de humus între castraveți.

Acoperiți-le cu roșii; presarati fiecare castravete cu o lingurita de piper rosu, sare si piper negru.

Serviți rece și bucurați-vă!

Mușcături de jalapeño umplute

(Gata în aproximativ 15 minute | 6 porții)

Per porție: Calorii: 108; Denumiri: 6,6 g; Carbohidrați: 7,3 g; Proteine: 5,3 g

INGREDIENTE

1/2 cană semințe de floarea soarelui crude, înmuiate peste noapte și uscate

4 linguri, tocate mărunt

1 lingurita de usturoi, tocat

3 lingurite drojdie nutritiva

1/2 cană smântână

1/2 lingurita piper cayenne

1/2 lingura de seminte de mustar

12 jalapeños, tăiate la jumătate și fără semințe

1/2 cană pesmet

Instrucțiuni

Într-un robot de bucătărie sau într-un blender de mare viteză, amestecați semințele crude de floarea soarelui, usturoiul, eșalota, drojdia nutritivă, eșalota, ardeiul cayenne și semințele de muștar până se combină bine.

Turnați amestecul peste jalapeños și pesmet.

Coacem la cuptor la 200 de grade pentru aproximativ 13 minute sau pana cand ardeii sunt moi. Servit fierbinte.

Bucura-te de masa ta!

Ceapa in stil mexican

(Gata în aproximativ 35 de minute | 6 porții)

Per porție: Calorii: 213; Denumiri: 10,6 g; Carbohidrați: 26,2 g; Proteine: 4,3 g

INGREDIENTE

2 cepe medii, tăiate rondele

1/4 cană făină universală

1/4 cană făină

1/3 cana lapte de orez, neindulcit

1/3 cană bere lager

Sare de mare si piper negru macinat, dupa gust

1/2 lingurita piper cayenne

1/2 lingura de seminte de mustar

1 cană chipsuri tortilla, tocate

1 lingura ulei de masline

Instrucțiuni

Preîncălziți cuptorul la 420 de grade.

Într-un castron adânc, combinați făina, laptele și berea.

Într-un alt bol puțin adânc, amestecați condimentele cu chipsurile de tortilla tocate. Turnați rondelele de ceapă în amestecul de făină.

Apoi presați bine aluatul și rulați-l deasupra amestecului gustos.

Aranjați ceapa pe o tavă de copt tapetată cu hârtie de copt. Stropiți cu ulei de măsline și coaceți aproximativ 30 de minute. Bucura-te de masa ta!

Legume rădăcinoase fierte

(Gata în aproximativ 35 de minute | 6 porții)

Per porție: Calorii: 261; : Ag: 18,2 gr; Carbohidrați: 23,3 g; Proteine: 2,3 g

INGREDIENTE

1/4 cană ulei de măsline

2 morcovi, curățați și tăiați în bucăți de 1/2 inch

2 păstârnac, curățați și tăiați în bucăți de 1/2 inch

1 tulpină de țelină, curățată și tăiată în bucăți de 1/2 inch

1 kilogram de cartofi dulci, decojiți și tăiați în bucăți de 1/2 inch

1/4 cană ulei de măsline

1 linguriță de semințe de muștar

1/2 lingurita busuioc

1/2 lingurita oregano

1 lingurita pudra de chili

1 lingurita de cimbru uscat

Sare de mare și piper negru măcinat

Instrucțiuni

Se condimentează cu alte ingrediente până când legumele sunt bine acoperite.

Legumele trebuie prăjite în cuptorul preîncălzit la 200°C pentru aproximativ 35 de minute și pe jumătate fierte.

Gustați, ajustați după gust și serviți fierbinți. Bucura-te de masa ta!

Hummus în stil indian

(Gata în aproximativ 10 minute | 10 porții)

Per porție: Calorii: 171; Denumiri: 10,4 g; Carbohidrați: 15,3 g; Proteine: 5,4 g

INGREDIENTE

20 uncii de năut la conserva sau fiert, scurs

1 lingurita de usturoi, feliat

1/4 cană tahini

1/4 cană ulei de măsline

Proaspat presat 1 fig

1/4 lingurita turmeric

1/2 lingurita de chimen macinat

1 lingurita praf de curry

1 lingurita seminte de coriandru

1/4 cană lichid de năut sau mai mult, dacă este necesar

2 linguri coriandru proaspat, tocat grosier

Instrucțiuni

Amestecați năut, usturoi, tahini, ulei de măsline, lime verde, turmeric, chimen, pudră de curry și semințe de coriandru într-un blender sau robot de bucătărie.

Se mixează până se obține consistența dorită, adăugând treptat lichidul de năut.

Se da la frigider pana la servire. Se ornează cu coriandru proaspăt.

Serviți cu pâine sau batoane de legume, dacă doriți. Bucura-te de masa ta!

Salsa de castraveți și fasole prăjită

(Gata în aproximativ 55 de minute | 10 porții)

Per porție: Calorii: 121; Denumiri: 8,3 g; Carbohidrați: 11,2 g; Proteine: 2,8 g

INGREDIENTE

1 1/2 kilograme morcovi, tocați

2 linguri ulei de masline

4 linguri tahini

8 uncii conserve de fasole cannellini, apă

1 lingurita de usturoi, tocat

2 linguri suc de lamaie

2 linguri sos de soia

Sare de mare și piper negru măcinat

1/2 lingurita boia

1/2 lingurita de chimion uscat

1/4 cană pepitas, prăjite

Instrucțiuni

Preîncălziți cuptorul la 390 de grade. Tapetați o foaie de copt cu hârtie de copt.

Acum aruncați morcovul cu ulei de măsline și puneți-l pe pâinea pregătită.

Prăjiți salata verde timp de aproximativ 50 de minute sau până când se înmoaie. Transferați morcovii fierți în bolul mixerului.

Adauga tahini, fasole, usturoi, zeama de lamaie, sos de soia, sare, piper negru, boia de ardei si chimen. Procesați până când sosul devine cremos și neted.

Se ornează cu pepita fierte și se servește în bolul tău. Bucura-te de masa ta!

Sushi cu afine rapid și ușor

(Gata în aproximativ 10 minute | 5 porții)

Per porție: Calorii: 129; Denumiri: 6,3 g; Carbohidrați: 15,9 g; Proteine: 2,5 g

INGREDIENTE

1 cană de orez, fiert

1 morcov, ras

1 ceapa mica, rasa

1 avocado, taiat cubulete

1 cățel de usturoi, tocat

Sare de mare și piper negru măcinat

1 afin mediu, feliat în fâșii

Serviți wasabi

Instrucțiuni

Într-un castron, combinați cu grijă orezul, morcovii, ceapa, avocado, usturoiul, sarea și piperul negru.

Împărțiți umplutura între benzile albastre și întindeți uniform. Rulați supa și serviți cu sosul wasabi.

Bucura-te de masa ta!

Hummus și roșii

(Gata în aproximativ 10 minute | 8 porții)

Per porție: Calorii: 49; Denumiri: 2,5 g; Carbohidrați: 4,7 g; Proteine: 1,3 g

INGREDIENTE

1/2 cană de hummus, de preferință de casă

2 linguri de maioneza vegetariana

1/4 cană mică, tocată

16 roșii cherry, îndepărtați pulpa

2 linguri coriandru proaspat, tocat

Instrucțiuni

Într-un castron, amestecați bine humusul, maioneza și dressingul.

Împărțiți amestecul de nisip între roșii. Se ornează cu coriandru proaspăt și se servește.

Bucura-te de masa ta!

Butonați ciuperci la cuptor

(Gata în aproximativ 20 de minute | 4 porții)

Per porție: Calorii: 136; Denumiri: 10,5 g; Carbohidrați: 7,6 g; Proteine: 5,6 g

INGREDIENTE

1 1/2 kilograme de ciuperci buton piure

3 linguri ulei de masline

3 catei de usturoi, tocati

1 lingurita oregano uscat

1 lingurita busuioc uscat

1/2 lingurita rozmarin uscat

Sare si piper negru macinat dupa gust

Instrucțiuni

Condimentam ciupercile cu celelalte ingrediente.

Asezati ciupercile pe o tava tapetata cu hartie de copt.

Coaceți ciupercile în cuptorul preîncălzit la 200 de grade pentru aproximativ 20 de minute sau până când sunt moi și parfumate.

Așezați ciupercile pe o farfurie și serviți cu bețișoare de cocktail. Bucura-te de masa ta!

Chips de varză

(Gata în aproximativ 1 oră și 30 de minute | 6 porții)

Per porție: Calorii: 121; Denumiri: 7,5 g; Carbohidrați: 8,4 g; Proteine: 6,5 g

INGREDIENTE

1/2 cană semințe de floarea soarelui, înmuiate peste noapte și uscate

1/2 cană cacao, înmuiată peste noapte și uscată

1/3 cană drojdie nutritivă

2 linguri suc de lamaie

1 lingurita ceapa tocata

1 lingurita de praf de usturoi

1 lingurita boia

Sare de mare și piper negru măcinat

1/2 cană apă

4 căni de varză

Instrucțiuni

În robotul de bucătărie sau în blenderul de mare viteză, combinați semințele crude de floarea soarelui, cacao, praful de copt, sucul de lămâie, eșalota, pudra de usturoi, boia de ardei, sare, piper negru măcinat și apă.

Se toarnă amestecul peste frunzele de kale și se amestecă până se îmbracă bine.

Coaceți într-un cuptor preîncălzit la 220 de grade F timp de 1 oră și 30 de minute sau până când se umflă.

Bucura-te de masa ta!

Barci cu hummus de avocado

(Gata în aproximativ 10 minute | 4 porții)

Per porție: Calorii: 297; : Ag: 21,2 gr; Carbohidrați: 23,9 g; Proteine: 6 g

INGREDIENTE

1 lingura suc proaspat de lamaie

2 avocado coapte, tăiate la jumătate și tăiate cubulețe

8 oz de hummus

1 cățel de usturoi, tocat

1 roșie medie, tocată

Sare de mare și piper negru măcinat

1/2 lingurita pudra de turmeric

1/2 lingurita piper cayenne

1 lingura tahini

Instrucțiuni

Stoarceți suc proaspăt de lămâie peste jumătate din avocado.

Amestecați ghimbirul, usturoiul, roșiile, sarea, piperul negru, pudra de turmeric, piper cayenne și tahini. Turnați umplutura peste avocado.

Serviți imediat.

Ciuperci Nacho umplute

(Gata în aproximativ 25 de minute | 5 porții)

Per porție: Calorii: 210; : Ag: 13,4 gr; Carbohidrați: 17,7 g; Proteine: 6,9 g

INGREDIENTE

1 cană chipsuri tortilla, tocate

1 cană fasole neagră conservată sau fiartă

4 linguri ulei vegetal

2 linguri tahini

4 linguri, tocate mărunt

1 lingurita de usturoi, tocat

1 jalapeno, tocat

1 lingurita de oregano mexican

1 lingurita piper cayenne

Sare de mare și piper negru măcinat

15 ciuperci nasturi medii, curatate si sortate

Instrucțiuni

Combinați bine toate ingredientele, cu excepția ciupercilor, într-un bol de amestecare.

Împărțiți amestecul de naho între ciuperci.

Coaceți în cuptorul preîncălzit la 180°C pentru aproximativ 20 de minute sau până când se înmoaie și se gătesc. Bucura-te de masa ta!

Salata este acoperită cu hummus și avocado

(Gata în aproximativ 10 minute | 6 porții)

Per porție: Calorii: 115; : Ag: 6,9 g; Carbohidrați: 11,6 g; Proteine: 2,6 g

INGREDIENTE

1/2 cană de hummus

1 rosie, tocata

1 morcov, tăiat

1 avocado mediu, fără sâmburi și tăiat cubulețe

1 lingurita otet alb

1 lingurita sos de soia

1 lingurita sirop de agave

1 lingură sos Sriracha

1 lingurita de usturoi, tocat

1 lingurita de ghimbir, proaspat ras

Sare si piper negru macinat dupa gust

1 salata verde cu ulei impartita in frunze

Instrucțiuni

Amesteca bine usturoiul, rosiile, telina si avocado. Combinați oțetul alb, sosul de soia, siropul de agave, sosul Sriracha, usturoiul, ghimbirul, sare și piper negru.

Împărțiți umplutura între frunzele de salată verde, amestecați și serviți cu dressingul în lateral.

Bucura-te de masa ta!

Varza de Bruxelles coaptă

(Gata în aproximativ 35 de minute | 6 porții)

Per porție: Calorii: 151; : Ag: 9,6 g; Carbohidrați: 14,5 g; Proteine: 5,3 g

INGREDIENTE

2 kilograme de varza de Bruxelles

1/4 cană ulei de măsline

Sare de mare și piper negru măcinat după gust

1 lingurita pudra de chili

1 lingurita oregano uscat

1 lingurita patrunjel uscat

1 linguriță de semințe de muștar

Instrucțiuni

Se amestecă varza de Bruxelles cu ingredientele rămase până când sunt bine acoperite.

Legumele trebuie prăjite în cuptorul preîncălzit la 200°C pentru aproximativ 35 de minute și pe jumătate fierte.

Gustați, ajustați după gust și serviți fierbinți. Bucura-te de masa ta!

Cartofi dulci Poblano

(Gata în aproximativ 25 de minute | 7 porții)

Per porție: Calorii: 145; Denumiri: 3,6 g; Carbohidrați: 24,9 g; Proteine: 5,3 g

INGREDIENTE

1/2 kilogram de varză, tăiată și feliată

1 kg cartofi dulci, curatati si taiati cubulete

1/2 cana lapte de cacao, neindulcit

1/4 cană maioneză vegană

1/2 lingurita praf de curry

1/2 lingurita piper cayenne

1/4 lingurita chimen uscat

Piperul negru este căutat și măcinat după gust

1/2 cană pesmet proaspăt

14 ardei poblano proaspeți, tăiați la jumătate, fără semințe

Instrucțiuni

Fierbeți varza și cartofii dulci aproximativ 10 minute sau până se înmoaie. Acum trebuie să le amestecați în laptele de cacao.

Adăugați maioneza vegetariană, pudra de curry, ardeiul cayenne, mărarul, sare și piper negru.

Se toarnă amestecul peste ardei și se ornează cu pesmet.

Coacem la cuptor la 200 de grade pentru aproximativ 13 minute sau pana cand ardeii sunt moi.

Bucura-te de masa ta!

Chipsuri de cartofi la cuptor

(Gata în aproximativ 1 oră și 30 de minute | 7 porții)

Per porție: Calorii: 48; Denumiri: 4,2 g; Carbohidrați: 2 g; Proteine: 1,7 g

INGREDIENTE

1 f. Tăiați vinetele în felii groase de 1/8 inch

2 linguri ulei de masline

1/2 lingurita oregano uscat

1/2 lingurita busuioc uscat

1/2 lingurita pudra de chili

Sare de mare și piper negru măcinat

Instrucțiuni

Se condimentează pepenele galben cu celelalte ingrediente.

Aranjați feliile de zahăr într-un singur strat pe o tavă de copt tapetată cu pergament.

Coaceți la 235 de grade F timp de aproximativ 90 de minute până devin aurii. Cartofii prăjiți cu dovlecei se vor umfla după răcire.

Bucura-te de masa ta!

O baie libaneză autentică

(Gata în aproximativ 10 minute | 12 porții)

Per porție: Calorii: 117; Denumiri: 6,6 g; Carbohidrați: 12,2 g; Proteine: 4,3 g

INGREDIENTE

2 conserve (15 oz) năut/năut

4 linguri de suc de lamaie

4 linguri tahini

2 linguri ulei de masline

1 lingurita pasta de ghimbir-usturoi

1 linguriță amestec libanez cu 7 condimente

Sare de mare și piper negru măcinat

1/3 cană lichid de năut

Instrucțiuni

Combinați năut, sucul de lămâie, tahini, ulei de măsline, pasta de usturoi ghimbir și condimente într-un blender sau robot de bucătărie.

Se mixează până se obține consistența dorită, adăugând treptat lichidul de năut.

Se da la frigider pana la servire. Serviți cu bețișoare de legume dacă doriți. Bucura-te de masa ta!

Pui vegetarian

(Gata în aproximativ 15 minute | 4 porții)

Per porție: Calorii: 284; Denumiri: 10,5 g; Carbohidrați: 38,2 g; Proteine: 10,4 g

INGREDIENTE

1 cană de ovăz rulat

1 cană de năut fiert sau conservat

2 catei de usturoi, tocati

1 lingurita ceapa tocata

1/2 lingurita de chimen macinat

1 lingurita patrunjel uscat

1 lingurita maghiran uscat

1 lingura de seminte de chia inmuiate in 2 linguri de apa

Câteva pulverizări de fum lichid

Sare de mare și piper negru proaspăt măcinat

2 linguri ulei de masline

Instrucțiuni

Se amestecă bine toate ingredientele, cu excepția uleiului de măsline. Se amestecă bine pentru a se combina, apoi se rulează în bile uniforme cu mâinile unse cu ulei.

În continuare, încălziți uleiul de măsline într-o tigaie antiaderentă la foc mediu. Odată fierbinți, prăjiți găluștele pentru aproximativ 10 minute.

Puneți supa într-un bol și serviți cu bețișoare de cocktail. Bucura-te de masa ta!

Barci cu ardei cu salsa de mango

(Gata în aproximativ 5 minute | 4 porții)

Per porție: Calorii: 74; Denumiri: 0,5 g; Carbohidrați: 17,6 g; Proteine: 1,6 g

INGREDIENTE

1 mango, decojit, fără miez, tăiat cubulețe

1 ceapa mica, tocata

2 linguri coriandru proaspat, tocat

1 ardei iute roșu, fără semințe și tocat

1 lingura suc proaspat de lamaie

4 ardei grasi, fara samburi si taiati in jumatate

Instrucțiuni

Amestecați bine mango, coriandru, coriandru, fulgi de ardei roșu și sucul de lămâie.

Turnați amestecul peste jumătățile de ardei și serviți imediat.

Bucura-te de masa ta!

Buchetele de broccoli dulci cu bibli

(Gata în aproximativ 35 de minute | 6 porții)

Per porție: Calorii: 135; : Ag: 9,5 g; Carbohidrați: 10,9 g; Proteine: 4,4 g

INGREDIENTE

2 kilograme de buchețele de broccoli

1/4 cană ulei de măsline extravirgin

Sare de mare și piper negru măcinat

1 lingurita pasta de ghimbir-usturoi

1 lingura rozmarin proaspat, tocat

1/2 lingurita coaja de lamaie

Instrucțiuni

Se amestecă broccoli cu celelalte ingrediente până se îmbracă bine.

Legumele trebuie prăjite în cuptorul preîncălzit la 200°C pentru aproximativ 35 de minute și pe jumătate fierte.

Gustați, ajustați după gust și serviți fierbinți. Bucura-te de masa ta!

Chipsuri de ridichi la cuptor

(Gata în aproximativ 35 de minute | 6 porții)

Per porție: Calorii: 92; : Ag: 9,1 g; Carbohidrați: 2,6 g; Proteine: 0,5 gr

INGREDIENTE

2 sfeclă, curățată și tăiată felii grosime de 1/8 inch

1/4 cană ulei de măsline

Sare de mare și piper negru măcinat

1/2 lingurita pudra de chili

Instrucțiuni

Se condimentează feliile de chili cu celelalte ingrediente.

Aranjați feliile de sfeclă într-un singur strat pe o tavă de copt tapetată cu pergament.

Coaceți la 400 de grade F timp de aproximativ 30 de minute. Bucura-te de masa ta!

Unt vegetarian clasic

(Gata în aproximativ 10 minute | 16 porții)

Per porție: Calorii: 89; Denumiri: 10,1 g; Carbohidrați: 0,2g; Proteine: 0,1 gr

INGREDIENTE

2/3 cană ulei de cocos rafinat, topit

1 lingura ulei de floarea soarelui

1/4 cană lapte de soia

1/2 lingurita otet de malt

1/3 lingurita sare de mare grunjoasa

Instrucțiuni

Adăugați ulei de cocos, ulei de floarea soarelui, lapte și oțet într-un borcan de blender. Amesteca bine.

Adăugați sarea de mare și continuați să amestecați până când amestecul este cremos și neted; da la frigider pana se fixeaza.

Bucura-te de masa ta!

Fețele Mării Mediterane

(Gata în aproximativ 20 de minute | 4 porții)

Per porție: Calorii: 260; Denumiri: 14,1 g; Carbohidrați: 27,1 g; Proteine: 4,6 g

INGREDIENTE

1 cană de făină universală

1/2 lingurita praf de copt

1/2 lingurita oregano uscat

1/2 lingurita busuioc uscat

1/2 lingurita rozmarin uscat

Sare de mare și piper negru măcinat

1 ½ cană de afine, răzuite

1 ou de chia

1/2 cană lapte de orez

1 lingurita de usturoi, tocat

2 linguri tocate, feliate

4 linguri ulei de masline

Instrucțiuni

Amesteca bine faina, praful de copt si condimentele. Într-un castron separat, combinați afinele, semințele de chia, laptele, usturoiul și ceapa.

Adăugați amestecul de afine la amestecul de făină uscată; amesteca bine.

Apoi incinge uleiul de masline intr-o tigaie la foc mediu. Gătiți clătitele timp de 2-3 minute pe fiecare parte până se rumenesc.

Bucura-te de masa ta!

www.ingramcontent.com/pod-product-compliance
Lightning Source LLC
Chambersburg PA
CBHW071823110526
44591CB00011B/1192